LOS SECRETOS DE LA
BRUJA

MANUAL DE HECHICERIA

1a. edición, junio 2003.
2a. edición, octubre 2004.
3a. edición, mayo 2005.

© *Los Secretos de la Bruja.*
Manual de Hechicería

© Derechos de edición y traducción cedidos por:
Latinoamericana Editora S.A., Bueno Aires, Argentina.

© 2005, Grupo Editorial Tomo, S.A. de C.V.
Nicolás San Juan 1043, Col. Del Valle
03100 México, D.F.
Tels. 5575-6615, 5575-8701 y 5575-0186
Fax. 5575-6695
http://www.grupotomo.com.mx
ISBN: 970-666-734-2
Miembro de la Cámara Nacional
de la Industria Editorial No 2961

Diseño de Portada: Emigdio Guevara
Supervisor de producción: Leonardo Figueroa

Impreso en México - *Printed in Mexico*

I N T R O D U C C I O N

DESCUBRA SUS PODERES

Este libro no pretende convertirlo en un hechicero, porque usted ya es un hechicero. Todos los seres humanos somos capaces de emplear nuestra energía psíquica para operar sobre la realidad. Todos, sin excepción, podemos intuir sucesos futuros, leer el pensamiento ajeno y lograr que nuestros más profundos deseos se concreten. Sin embargo, si nadie nos enseña cómo hacerlo, poco a poco nuestros poderes se van apagando hasta desaparecer.

El manual de **Los Secretos de la Bruja** le permitirá despertar y ejercitar sus facultades extrasensoriales, a fin de que usted se transforme en su propio hechicero. Con esa ayuda, ya no precisará recurrir a un "mago profesional" para atraer dinero, un nuevo amor, amigos, armonía familiar, salud o cualquier otro objetivo que se haya fijado en la vida, ya que será capaz de obtener todo esto por sí mismo. Además, ningún ser inescrupuloso podrá dañarlo ni doblegar su voluntad por medio de conjuros o de magia negra: usted sabrá como impedirle el acceso a su campo energético y el de sus seres queridos. Para lograrlo, no sólo deberá seguir al pie de la letra nuestras indicaciones, sino también respetar los principios universales, invocar a los poderes superiores adecuados, actuar de buena fe y canalizar correctamente sus energías mentales. Y recuerde: esto último sólo será posible si usted se conecta con su infinito poder y con la inagotable fuente de amor y de luz que habita en el Cosmos.

El Círculo Hermético

HISTORIA DE LA HECHICERIA

"Un milagro no ocurre en contradicción con la
Naturaleza, sino con lo que de ésta conocemos."

SAN AGUSTIN

La historia de la magia es tan antigua como la humanidad misma. La antropología, disciplina que estudia la evolución de la cultura humana, afirma que ya los primeros hombres practicaban ceremonias mágicas sencillas. Es posible distinguir dos clases diferentes de actividad mágica: las mancias, es decir las técnicas de adivinación, y los ritos de magia práctica, destinados a dominar las fuerzas de la Naturaleza para conseguir determinado propósito. A su vez estos dos grandes grupos se clasifican de la siguiente manera:

ARTES MANTICAS
Mancia natural
Producida involuntariamente. Incluye sueños, visiones o intuiciones que predicen el futuro.

Mancia inducida
Producida voluntariamente mediante lectura de manos, bola de cristal, observación del fuego, etc.

MAGIA PRACTICA
Magia homeopática
Ritual realizado por medio de una acción idéntica al efecto que se desea conseguir.

Magia alopática
La ceremonia no guarda relación con el efecto que se persigue.

Un ejemplo de ceremonia mágica homeopática son los ritos en los que se utilizan muñecos. El elemento representa en este caso a una persona, y entonces se le realiza aquello que se quiera producir en el destinatario del hechizo: amor, dolor, atracción, etc.

En cambio en las prácticas de magia alopática se pueden usar objetos que no tengan relación directa con la finalidad del ritual. Es el caso de los ritos con plantas, velas, inciensos y otros elementos. Se los utiliza porque se conocen sus propiedades mágicas.

Existe una gran diversidad de elementos mediante los cuales se logra adivinar el futuro y cada uno de ellos está relacionado con cierto planeta. Por eso, para saber el porvenir de los nacidos bajo la influencia de determinado astro, muchas veces los adivinos utilizaban el método concordante. Estos son alguno de ellos:

MANCIA	OBJETO DE ESTUDIO	PLANETA
ALQUIMOMANCIA	Reacciones químicas	URANO
ARITMOMANCIA	Combinaciones numéricas	MERCURIO
ASTROLOGIA	Movimientos astrales	JUPITER
BELOMANCIA	Dirección de flechas	JUPITER
CARTOMANCIA	Naipes	JUPITER
CEROMANCIA	Cera derretida	LUNA
CLEIDOMANCIA	Llaves	MARTE
CRISTALOMANCIA	Bolas de cristal	LUNA
HIDROMANCIA	Agua	NEPTUNO
LECANOMANCIA	Gemas sumergidas en agua	NEPTUNO
LIBANOMANCIA	Humo de sahumerio	VENUS
LITOMANCIA	Piedras	SATURNO
NECROMANCIA	Organos de cadáveres	PLUTON

NUMEROLOGIA	Fechas de nacimiento	URANO
OINOMANCIA	Vino	NEPTUNO
OCULOMANCIA	Examen de los ojos	SOL
ORNITOMANCIA	Vuelo de pájaros	MERCURIO
PIROMANCIA	Fuego	PLUTON
QUIROMANCIA	Líneas de la mano	MERCURIO
RABDOMANCIA	Movimiento de péndulos	URANO
XILOMANCIA	Madera	SATURNO

LA CIENCIA Y LA MAGIA

La magia cumplió un papel importantísimo en la historia de la civilización humana: intentó explicar con coherencia todos los interrogantes de las sociedades primitivas sobre el origen del universo, las leyes cósmicas y la relación entre las fuerzas concretas e invisibles de la Naturaleza. En definitiva los preceptos mágicos constituyeron las primeras reflexiones que concibieron al hombre como parte de un universo armónico e interrelacionado, antes de la aparición de las religiones, las corrientes filosóficas y, por supuesto, de la ciencia.

Si reflexionamos sobre el propósito de las investigaciones científicas, ya sea en el campo de la química, la medicina u otras disciplinas, encontramos que lo que se intenta conocer es la organización íntima de la Naturaleza. La magia comparte estos objetivos con la ciencia y ambas coinciden en describir leyes de causa y efecto para explicar todos los sucesos del mundo circundante. Pero mientras el método científico enuncia sus postulados en base a lo percibido a través de los sentidos, la experimentación y la inducción lógica, la magia sostiene que además de nuestra realidad concreta, existen otros planos de existencia que rigen los sucesos. Para acceder a estos planos y conocer las causas primeras, la magia recurre a la meditación, la contemplación, el éxtasis místico, las percepciones extra-sensoriales y las enseñanzas religiosas o cabalísticas.

El pensamiento científico ha desplazado hoy los conocimientos mágicos, pero no debemos olvidar que en la antigüedad los hechiceros eran médicos y consejeros espirituales. De alguna manera realizaban lo que actualmente desarrollan los psicólogos o los sacerdotes, porque ayudaban a la gente a superar el temor al futuro, a los imprevistos y a los fenómenos sobrenaturales. Y en este sentido los antiguos conocimientos mágicos fueron los "padres" de muchas de las ciencias reconocidas actualmente.

EVOLUCION DE LA HECHICERIA

La Prehistoria

Los antropólogos han encontrado restos de actividades mágicas que pequeños grupos humanos ya practicaban en período paleolítico medio, unos 70.000 años antes de la Era Cristiana. Estos ritos consistían en enterrar a los muertos con todas sus pertenencias para que se encontrasen cómodos en el Más Allá.

También se han encontrado grabados en las paredes de las cavernas que datan aproximadamente de 10.000 años a.C. Se trata de imágenes de animales heridos por lanzas o flechas y se cree que, frente a estos dibujos, se efectuaban danzas y otras ceremonias para propiciar una buena cacería.

Cuando el hombre se convirtió en agricultor, comenzaron a practicarse diversos ritos mágicos para invocar a la lluvia y pedir por la fertilidad de la tierra. También en este período se realizaban ceremonias para beneficiar la procreación y un buen parto.

La Magia Asiática

Hay dos teorías sobre el origen de la palabra magia. Una sostiene que proviene del vocablo caldeo "imga", que significa "profundo". La otra se inclina a asociarlo con la palabra persa "magusk", es decir, "sabio".

De las culturas asiáticas proviene no solo la palabra original, sino también la concepción de magia blanca y magia negra, ya que las religiones caldeas y asirias concebían la existencia de dioses benéficos así como de demonios a los cuales se conjuraba para exigir venganzas o dañar a los enemigos.

Los pueblos de la Mesopotamia asiática fueron, además, los primeros en estudiar el movimiento de los astros y predecir los acontecimientos en base a éstos; es decir que fueron los padres de la astrología. Practicaban además la hidromancia y los aurespicios, mancia consistente en adivinar el futuro mediante la observación de las vísceras de los animales sacrificados.

La Magia Griega

En la cultura griega los ritos mágicos estaban íntimamente vinculados con la religión. Y su mitología estuvo muy influenciada por otras culturas, especialmente la egipcia. Las prácticas mágicas de este pueblo se llevaban a cabo con dos objetivos: adivinar la voluntad de los dioses o influir sobre ellos. Los hechiceros eran clasificados según la clase de habilidades que desarrollaban: los "orpheotelestes" eran los especialistas en purificaciones y exorcismos; los "goetas" se dedicaban a entablar relación con los dioses infernales, y los "psychagogos" invocaban a los espíritus. Lo que hoy conocemos como ciencia en Grecia estaba ligado completamente a la magia como, por ejemplo, la medicina, ya que este pueblo atribuía las enfermedades a la acción divina y por lo tanto, recurría a los ritos mágico-religiosos para curar.

La Magia en la Edad Media

La magia antigua fue combatida implacablemente por la Iglesia Católica a partir del siglo V porque se le atribuía un origen diabólico, aunque la gente común no la consideraba esencialmente mala o incorrecta. Es decir que, aunque oficialmente la hechicería estaba negada y prohibida por las autoridades, en la práctica se continuaban realizando ritos mágicos.

La persecución desatada en toda Europa contra la hechicería fue cruel y sanguinaria. En el lapso de tiempo comprendido entre los años 1575 y 1700, se calcula que se ejecutaron a más de un millón de personas, acusadas de practicar brujería.

Precisamente en esta época nació una definida práctica de magia negra conocida como satanismo. Se cree que, en principio, no surgió esta tendencia como una inclinación hacia el mal sino como un forma de invocar las facultades de una entidad poderosa, capaz de enfrentarse a las decisiones divinas: el demonio. Luego se convirtió en un culto aberrante, en el cual se incluían sacrificios de niños y promiscuas prácticas sexuales.

LOS GRANDES HECHICEROS DE LA HISTORIA

El Mago Merlín

Cuenta la leyenda que Satanás, muy irritado por la adhesión de la humanidad a la doctrina de Cristo, decidió mandar a la Tierra a un profeta infernal y entonces nació Merlín, hijo de un demonio y una virgen. Pero la madre embarazada consiguió, por su pureza, anular el espíritu maligno que concibió a su hijo.

Los poderes de Merlín comenzaron a manifestarse siendo éste un niño. A los dos años de edad le redactó a su calígrafo la historia de su nacimiento y la del Santo Grial. Gracias a sus poderes, Merlín supo que Arturo estaba destinado a ser rey de Bretaña, pero la nobleza no creyó en sus predicciones. Para demostrar que no estaba equivocado, Merlín creó una espada especial que sólo podía ser utilizada por la persona elegida para ser rey de los bretones y sucesor de Uterpandragón. Una Navidad la espada, denominada Scalibur, apareció clavada en una roca, cerca de la Iglesia de Carduel. Sólo un elegido iba a lograr desencajarla de la piedra. Todos los nobles probaron suerte, sin conseguir librar al arma de su prisión. Entonces, tal como Merlín había predicho, Arturo, adolescente y no habiendo sido armado caballero, tomó la espada y la levantó con gran facilidad.

Efectivamente, Arturo se convirtió en rey y Merlín no dejó jamás de estar a su lado, para aconsejarlo.

Paracelso, Médico del Alma

Su verdadero nombre fue Félix Aurelio von Hohenheim pero pasó a las páginas de la historia como Paracelso, el ocultista que cambió la concepción de la medicina de su época. Sus conocimientos de astrología, antropología, teología, cábala y botánica, lo llevaron a crear una teoría en la cual integró la observación de la Naturaleza con los preceptos místicos.

Paracelso afirmó: *El primer médico del hombre es Dios, el cuerpo no es otra cosa que la casa del alma.* Y a partir de esta premisa investigó la forma de dirigirse simultáneamente a las fuerzas divinas y a los elementos terrenales para curar. Según su concepción, entonces, el médico debía ser astrólogo y teólogo, para entender las aflicciones del alma, y además antropólogo para comprender las necesidades del cuerpo físico. También consideró necesario investigar la alquimia que permitía conocer las sustancias universales que se encuentran en el mundo material, y la mística, para reconocer la existencia de una fuerza todopoderosa que gobierna todo lo creado más allá de la razón.

Paracelso se basó en la hipótesis del "magnetismo", según la cual todos los seres vivos poseen un fluido magnético que recibe las vibraciones astrales y divinas, origen de los acontecimientos vitales. Consecuente con esta concepción, explicó la importancia de la fabricación de objetos mágicos -talismanes- capaces de absorber energías positivas o neutralizar las negativas.

Sus investigaciones en el campo de la botánica lo llevaron a descubrir los poderes de muchas plantas curativas, de reconocida eficacia terapéutica en la actualidad.

Nostradamus, el gran Vidente

Michael de Notredam, conocido históricamente como Nostradamus, fue el vidente más ilustre del Renacimiento. Nacido en el año 1503, sus padres fueron judíos descendientes de la tribu de Isaac, famosa por su don profético en el pueblo hebreo.

Su familia fue una de las tantas que, luego de la destrucción de Jerusalén, se instaló en una zona del sur de Francia llamada Provenza y se convirtió al cristianismo. La educación del joven Michael fue confiada a su abuelo materno, quien lo inició en los conocimientos de las ciencias ocultas, la cábala, las "ciencias celestiales" (astronomía y astrología), el aprendizaje del latín, el griego, el hebreo, y las matemáticas. Luego de concluir sus estudios de letras, Nostradamus ingresó a la Universidad de Montpellier para aprender medicina. Siendo aún un simple estudiante, se hizo famoso por haber descubierto un novedoso método para curar la peste bubónica, epidemia que en aquel momento azotaba a la población.

Al terminar su carrera se dedicó a viajar por diversos lugares de Europa en busca de sabios, alquimistas y videntes para desarrollar sus incipientes poderes proféticos. La historia cuenta que la primera videncia que expresó públicamente la tuvo durante uno de estos viajes, cuando le pronosticó a un humilde y desconocido fraile franciscano llamado Felice Peretti que sería la máxima autoridad de la Iglesia Católica; veinte años más tarde, el religioso fue nombrado Papa con el nombre de Sixto V.

En el año 1550 Nostradamus comenzó a escribir un conjunto de profecías agrupadas en cien estrofas de cuatro versos, conocidas como las Centurias. A partir de la publicación de estos escritos comenzaron a considerarlo el astrólogo más sabio de todos los tiempos. Tanto era su renombre que la reina de Francia, Catalina de Médicis, le rogó que la visitara para consultarle sobre el futuro de sus hijos. Nostradamus accedió al pedido de la reina y le pronosticó que tres de sus cuatro hijos ocuparían el trono real (Francisco II, Carlos IX y Enrique III) y el último, Luis, moriría joven. Y exactamente eso fue lo que sucedió. También le advirtió al rey Enrique II lo que ya había anticipado en sus Centurias: que moriría batiéndose a duelo. A partir de este momento, el rey comenzó a evitar sistemáticamente cualquier duelo a sangre que pusiera en riesgo su vida. Sin embargo, no encontró peligro alguno en participar de un torneo deportivo en donde se utilizarían lanzas sin punta y fue precisamente allí en donde encontró la muerte: su adversario, involuntariamente, golpeó contra su armadura de forma tal que la lanza se rompió y una astilla penetró en su cráneo, produciéndole una herida letal.

Las Centurias de Nostradamus estaban precedidas por estas palabras: *Lo que el Divino Espíritu me ha revelado a través de las revo-*

luciones astronómicas ha hecho que mis profecías sean escritas. Sus comentarios sobre los futuros fenómenos astronómicos incluían una acertada descripción de los equinoccios y hacen suponer que él ya conocía las leyes de la gravitación universal que Newton descubriría años después. Sin embargo, muchas de sus afirmaciones no fueron producto de sus investigaciones astrológicas sino de su poder de videncia: tal es el caso de los pronósticos hechos a los reyes de Francia o al Papa Sixto V. Teniendo en cuenta que, en ese contexto histórico, la astrología era aceptada por la Iglesia como ciencia y, en cambio, el don de la videncia era considerado de origen demoníaco, es muy posible que Nostradamus haya sostenido que sus predicciones provenían del estudio de los astros para evitar la persecución hacia su persona o la destrucción de sus obras.

Sus vaticinios están escritos en un lenguaje hermético y a menudo utilizó imágenes simbólicas para referirse a determinados personajes históricos. Y las razones de tal proceder pueden explicarse fácilmente al leer en sus escritos: *Si revelase el futuro, tanto del reino como de la clase privilegiada, o de la religión, lo hallarían tan diferente de lo que gustarían de oír que condenarían estas profecías que, no obstante, se cumplirán inexorablemente a través de los siglos... Quise explicarme en términos oscuros e ininteligibles, a fin de que los cambios que presentí no ofendan el oído de los timoratos, y escribí de forma nebulosa porque esta es la armonía de los escritos proféticos.* Es evidente que Nostradamus temió no sólo una persecución contra su persona sino también a la reacción de las generaciones venideras, ante las desgracias que él presagiaba para la humanidad.

En uno de sus textos el gran vidente explica que ha utilizado un trípode de bronce (antecesor de la mesa de tres patas empleada por los espiritistas) y ha recurrido a la hidromancia (método de adivinación a través de la observación del agua) para inspirar su natural intuición premonitoria. Estas son su más famosas profecías:

- La fuga del rey Luis XVI durante la Revolución Francesa.
- La ascensión de Napoleón Bonaparte al poder y la duración de su gobierno. Su derrota en Waterloo.
- El surgimiento de un nuevo país (Estados Unidos), emancipado de una de las tres potencias marítimas europeas (Inglaterra, España y Portugal).
- La participación de Estados Unidos en las dos guerras mundiales del siglo XX.
- El advenimiento de la filosofía marxista.
- La revolución comunista de 1917.
- La utilización de las bombas atómicas.
- La llegada del hombre a la Luna.

PASOS PREVIOS PARA UN RITUAL EFECTIVO

*En las ceremonias de hechicería es imprescindible
una correcta preparación personal y del ambiente en el que
trabajaremos para que nuestras vibraciones sutiles
fluyan libremente y logremos cumplir con el objetivo mágico
fijado. También es necesario tener en cuenta otros
detalles cuando se realiza un trabajo de magia, como por
ejemplo el día de la semana en que se llevará a cabo, la fase
en que se encuentra la Luna o los seres celestiales a los
que precisamos dirigirnos para tener éxito en
nuestro propósito.*

PURIFICACION

Cuando usted decida realizar cualquier hechizo o ritual de los que encuentre en este libro tenga presente que en todos los casos es necesario un proceso de purificación previa.

De ser posible el día del ritual aliméntese con frutas y verduras, la ingesta de carnes rojas y bebidas alcohólicas está contraindicada.

Tome un baño purificador y relájese una hora antes.

Purifique sus gemas con agua y sal y sus amuletos con humo de incienso.

Trabaje siempre en un lugar limpio, tranquilo y en el que no haya demasiados objetos.

Mantenga una permanente actitud de respeto y solemnidad.

ENERGIZACION

Además de haber alcanzado un óptimo estado de pureza es preciso energizarse antes de llevar a cabo un procedimiento mágico. Lo ideal es haber dormido un número adecuado de horas y estar en buen estado de salud. Una caminata al aire libre un par de horas antes del rito e incluso una sesión de gimnasia suave pueden ser de gran ayuda para aumentar nuestro nivel energético.

Un excelente estímulo para recuperar energías es la ruda, tanto la ruda macho como la ruda hembra. Con la ayuda de la ruda se pueden convertir los pensamientos negativos en positivos, y disponer nuestra mente hacia los poderes mágicos. Para lograrlo, cada vez que se sienta deprimido o pesimista frótese la frente y las palmas de las manos con aceite de ruda repitiendo: *Trans-*

mutación, transmutación. Energía positiva, energía positiva, energía positiva. Yo soy el poder, la fe, y la energía positiva y transmuto este pensamiento .... en este otro...................... Amén
(En los espacios en blanco anuncie con claridad que es lo qué se desea transmutar)
Para activar la confianza en sus poderes prepare una infusión con media cucharadita de ruda fresca o seca. Debe tener mucho cuidado en no excederse esta dosis, ni tomar más de dos tazas por día. Las mujeres embarazadas deben abstenerse de ingerirla.

VESTIMENTA

Si en una receta no se especifica qué prendas debe vestir, usted puede incrementar su energía natural luciendo el color que corresponde a su signo solar. En el siguiente cuadro especificamos el tono de cada signo, el día y la hora que corresponde al mismo y su gema zodiacal.

SIGNO	COLOR DE ROPA	DIA Y HORA	GEMA
ARIES	ROJO	MARTES, de 5 a 7 hs	Hematite, coral, diamante.
TAURO	AZUL PALIDO	VIERNES, de 16 a 18 hs	Esmeralda, ágata, jade.
GEMINIS	AMARILLO	MIERCOLES, de 9 a 11 hs	Aguamarina topacio, jaspe.
CANCER	LILA O VIOLETA	LUNES, de 21 a 23 hs	Opalo, perlas, turquesa, marfil

LEO	ANARANJADO O DORADO	SABADO, de 5 a 7 hs	Rubí, ojo de tigre, ámbar.
VIRGO	VERDE	MIERCOLES, de 10 a 12 hs	Jaspe, ópalo, turquesa, ónix.
LIBRA	VERDE CLARO O CELESTE	VIERNES, de 18 a 20 hs	Aguamarina, ágata, malaquita
ESCORPIO	ROJO OSCURO	MARTES, de 0 a 2 hs	Topacio, granate, coral, rubí
SAGITARIO	PURPURA O MORADO	JUEVES, de 7 a 9 hs	Turquesa, amazonita,
CAPRICORNIO	MARRON O NEGRO	SABADO, de 21 a 23 hs	Onix, malaquita, azabache.
ACUARIO	VIOLETA	VIERNES, de 22 a 24 hs	Zafiro, amatista lapislázuli.
PISCIS	AZUL BRILLANTE	SABADO, de 18 a 19 hs	Amatista, turquesa, ágata.

CONJUROS PRONUNCIADOS

Todas las religiones del mundo creen en el poder de la oración y por ello recomiendan rezar a diario para mantenerse en contacto con los reinos celestiales. Las oraciones y conjuros necesitan ser dichos de manera apropiada, en el momento preciso y con absoluta convicción y fe. Por eso cuando se encuentre meditando, orando, o pronunciando las palabras mágicas de un conjuro, recuerde que el pensamiento y la palabra se materializan y por lo tanto nuestro destino depende de aquello que pronunciamos.

OBJETOS RITUALES

Consagrar un elemento significa santificarlo, cargarlo con vibraciones positivas. Por eso la consagración de los instrumentos que utilice en sus rituales propiciará un trabajo mágico más efectivo. Para la consagración proceda de la siguiente manera:

• Tome el objeto con su mano izquierda.

• Sosténgalo a la altura del pecho y concéntrese en la energía que le comenzará a transmitir rozándolo con su mano derecha.

• Visualice un fuego blanco que penetra en el objeto y bendígalo diciendo: *Por medio de la pureza del fuego te limpio y te bendigo en el nombre del Altísimo.*

Recuerde que no es necesario consagrar las velas, las gemas o el incienso, ya que estos elementos poseen una vibración mágica de por sí. Este procedimiento es válido para energizar agujas, papeles, pañuelos y otros objetos indicados para los rituales.

AGUA SANTIFICADA

Si bien en muchos casos se utiliza agua bendecida por un sacerdote, existe también un método para santificar por nuestros propios medios el agua. Por supuesto, al margen de este ritual, el grado de pureza del agua bendita dependerá de las vibraciones positivas que emanen de quien la bendiga.

Para santificar el agua, en primer lugar, se debe poner una cucharada de sal en un plato y con las palmas de las manos hacia arriba, y sobre la sal, ordenar mentalmente el fluir de la energía diciendo: *Que esta sal sea pura y que esta misma pureza santifique todo lo que toque.* Luego deberá poner las palmas sobre un recipiente con agua y pronunciar: *Esta agua consagro para que todas las influencias negativas sean expulsadas de ella y para que la pueda utilizar con seguridad en mis ritos.* Finalmente mezcle el agua y la sal mientras dice: *Juntas la sal y el agua se convertirán en un poderoso instrumento para purificar y ahuyentar los demonios y la negatividad, si yo uso esta agua bendita en mis ceremonias.*

FASES LUNARES

Anteriormente expusimos cuál es el día más adecuado para realizar un ritual, tomando como base el signo zodiacal de cada persona.

Pero también los rituales deben llevarse a cabo en una fase lunar adecuada y por eso, a menos que la receta lo especifique, tenga en cuenta los siguientes datos antes de efectuar una ceremonia mágica:

Luna Creciente
(Entre la Luna Nueva y la Luna Llena). Ritos constructivos de amor, de éxito, fertilidad, salud, cambio y progreso en general.

Luna Menguante
(Entre la Luna Llena y la Luna Nueva). Ritos de naturaleza inversa, que tienden a la disminución: poner fin a un amor, evitar que se cometa determinado acto, o acabar con situaciones maléficas.

AUSPICIOS PLANETARIOS

Cada día de la semana está gobernado por un planeta, cuya energía influye en algún plano determinado de nuestra vida cotidiana. Para saber qué día conviene efectuar nuestras ceremonias, será útil consultar la siguiente lista. Otro detalle importante a tener en cuenta es el momento del día en que debe ser realizado el ritual y si realizamos un rito que es de práctica diaria es fundamental hacerlo siempre a la misma hora.

DIA - REGENTE PLANETARIO Y CUALIDADES	RITUALES ACONSEJABLES
DOMINGO - SOL Poderes masculinos, fuerza expansiva. Energía consciente.	Ascensos laborales. Objetivos materiales. Solicitar favores a personas de mayor jerarquía.
LUNES - LUNA Desarrollo psíquico. Poderes femeninos, fertilidad. Estados de ánimo. Energía inconsciente.	Reconciliaciones. Viajes cortos. Fertilidad femenina. Protección de los hijos. Purificaciones. Control de emociones.
MARTES - MARTE Energía física y masculinidad. Acción, conquista y resistencia. Supervivencia.	Ideal para romper hechizos negativos y alejar enemigos. Para energizar elementos mágicos. Protección contra accidentes.
MIERCOLES - MERCURIO Adivinación. Cambios, libertad de pensamiento. Sociabilidad. Educación, intelectualidad.	Logros intelectuales. Exito en los estudios, investigaciones y en situaciones de cambio. Protege intercambios comerciales.

JUEVES - JUPITER
Clarividencia, sacrificios, inspiración. Honores. Energía expansiva y socializadora.

Fertilidad masculina. Exitos profesionales. Favorece los juegos de azar y los pleitos judiciales. Viajes largos.

VIERNES - VENUS
Equilibrio, armonía. Curaciones emocionales. Amor erótico. Inspiración estética.

Peticiones de amor. Protección de las parejas y los hogares. Incremento de la atracción sexual. Fidelidad. Realizaciones artísticas.

SABADO - SATURNO
Estabilidad, prudencia. Profundidad de los actos y los pensamientos. Materializaciones.

Protección contra los ataques psíquicos y daños en general. Limpieza del hogar. Conservación del trabajo.

LOS PUNTOS CARDINALES

Todas las ceremonias mágicas se pueden iniciar con una invocación a los puntos cardinales y la creación de un círculo de energía dentro del cual convocar a las entidades sagradas.

Cada uno de estos puntos geográficos posee una vibración específica, útil de conocer para aprovecharla en nuestra vida cotidiana. En las próximas páginas encontraremos algunos rituales en los que no se especifica la dirección en la que debemos colocarnos para realizarlos; para obtener este dato, y con la ayuda de una brújula, podemos guiarnos consultando la siguiente tabla:

Vibración del punto Sur:
• Es la fuente material de la vida. Representa la riqueza en el

plano material.
• Rituales de dinero, progreso en el trabajo, y el éxito profesional.

Vibración del punto Este:
• El aire y el trueno son sus elementos. Representa la comunicación afectiva. Los amores juveniles, la pasión creativa.
• Ritos de amor, enlaces afectivos, protección del hogar, y armonía conyugal.

Vibración del punto Oeste:
• Es el final de los procesos, el otoño. Representa el ocaso y desintegración de la materia.
• Ritos en pos de un cambio o transformaciones muy profundas. Maduración.

Vibración del punto Norte:
• La consolidación de procesos creativos e intelectuales. Favorece el sentimiento de libertad, y estimula la actividad mental.
• Ceremonias relacionadas con viajes, éxitos profesionales e intelectuales.

Vibración del punto Central:
• El final de cada estación. Es el lugar por donde circula, y a la vez se aquieta la bioenergía.
• Rituales de salud, concentración y armonización.

A su vez, existen cuatro puntos intermedios, cuyos significados son:
Sureste: El lugar de la alegría y el bienestar. Su elemento es la madera.
Noroeste: El lugar de la paz. Corresponde al cielo.
Sudoeste: El lugar de la muerte y el más allá. Se vincula con la tierra.
Noreste: El lugar de la inmovilidad. Asociado con la montaña.

LA DANZA DEL SONAJERO

Este rito invoca a las deidades de los puntos cardinales y puede ser hecho antes de cualquier ceremonia específica. Para efectuar esta danza deberá primero construir su propio sonajero sagrado.

Adquiera una calabaza seca y vacía o un cuenco de barro de boca muy angosta. Introduzca 99 semillas secas dentro de este recipiente y luego tape la boca del mismo con un trozo de madera que sobresalga unos cinco centímetros de la perforación, de modo tal que la madera pueda ser utilizada como mango.

Invoque el poder de los puntos cardinales agitando su sonajero, mientras repite esta oración de cara hacia el punto mencionado en cada caso:

Espíritu del Este, de donde viene la luz, puerta del espíritu y del elemento Fuego, ven a mi círculo e ilumíname.

Espíritu del Sur donde el Sol es más fuerte, puerta de las emociones y del elemento Agua, ven a mi círculo y fortaléceme.

Espíritu del Oeste, donde se pone el Sol, puerta de lo físico y del elemento Tierra, ven a mi círculo y transfórmame.

Espíritu del Norte, donde descansa el Sol, puerta de la mente y del elemento Aire, ven a mi círculo y enséñame.

Padre del Cielo arriba, poder de la vida y de la luz, ven a mi círculo y estimúlame.

Madre de Tierra abajo, poder del amor y de la ley, ven a mi círculo para alimentarme y protegerme.

Luego, gire en dirección de las agujas del reloj para cerrar el círculo, ingrese en él y allí realice sus peticiones.

LOS GENIOS DE LA HECHICERIA

En la mitología de la antigua Roma se dio el nombre de genio a todo ser espiritual capaz de engendrar una fuerza divina. En el campo esotérico, los genios son los espíritus de la naturaleza que personifican distintas fuerzas activas capaces de producir ciertos fenómenos. Algunos de estos seres invisibles suelen acompañar a las personas durante su vida brindándoles protección; este es el caso de los genios benéficos. Pero también hay genios maléficos cuyos propósitos son la acción destructiva y la propagación del mal.

Brujos y hechiceros de épocas pasadas reconocieron y aprendieron a invocar a los genios para que los ayudaran a concretar sus intenciones. A continuación le presentamos una nómina de algunos destacados genios, que usted puede invocar para hacer más efectivo el resultado de un hechizo.

Cada genio tiene poder sobre un plano determinado. Para invocar al que deseamos que nos ayude, deberá pronunciar una oración hecha por usted mismo que nombre al genio elegido y a continuación expresar su deseo.

Por ejemplo: si usted quiere que sus finanzas mejoren, podrá elegir a Neciel, en cuyo nombre hará una oración similar a ésta:

Oh, Neciel, que perteneces al signo de Géminis, invoco tu ayuda para lo que a los negocios y a las finanzas se refiere. Llega a mí y acompáñame en este duro momento, desde hoy y para siempre.

Esto deberá repetirse durante toda una semana de Luna Llena. Usted podrá elegir alguno de los genios, que será su protector en el área en que usted necesita ayuda.

Existe una precaución fundamental a tener en cuenta: los genios deben citarse para propósitos exclusivamente positivos. Si intentamos causar mal a otra persona con la ayuda de un genio, siempre existirá la posibilidad de que la energía se vuelva en contra nuestra y nos perjudique a nosotros.

GENIO	SIGNO	INFLUENCIA
ABDIZUEL	VIRGO	Favorece el comercio y las cosechas.
AMIXIAL	TAURO	Une enamorados, protege lazos afectivos.
AMNEDIEL	CANCER	Vela por la armonía del hogar. Desarrolla la intuición.
ARDEFIEL	LEO	Atrae la pasión. Soluciona conflictos con amigos.
ATALIEL	LIBRA	Atrae buena suerte y protege la salud
EGIBIEL	ESCORPIO	Protege de las vibraciones negativas. Purifica y limpia.
GABRIEL	GEMINIS	Guía a los comerciantes. Estimula a estudiantes y artistas.
GEZERIEL	VIRGO	Consolida las parejas, las amistades, las relaciones laborales.
NECIEL	GEMINIS	Favorece las finanzas, el éxito en los negocios y en los exámenes.
REQUIEL	CAPRICORNIO	Conserva asociaciones leales. Aleja las traiciones.
SCHELIEL	CANCER	Ampara a los niños y los guía. Rechaza los ataques psíquicos.
ALHENIEL	PISCIS	Aleja la envidia, el resentimiento, el rencor.
ADRIEL	ARIES	Promueve los viajes de placer y las adquisiciones.
AMUTIEL	SAGITARIO	Impulsa los viajes largos; las mudanzas y los cambios laborales.

EL TALENTO MÁGICO DE CADA SIGNO

Todos estamos capacitados para convertirnos en hechiceros, pero nuestras energías zodiacales determinarán exactamente la clase de aptitud mágica que poseemos. Esta lista le ayudará a conocer sus talentos ocultos y de este modo usted sabrá qué rasgos de su personalidad precisa cultivar.

ARIES: Tiene la facultad de predecir hechos inesperados, conflictos bélicos y catástrofes naturales. Sus nativos son aptos para transmitir pensamientos telepáticamente. Tienen un gran caudal energético para efectuar rituales relacionados con las conquistas amorosas y económicas.

TAURO: Suele vaticinar eventos vinculados con las cosechas, los negocios industriales y el trabajo en general. Sus poderes se potencian cuando estos nativos están en contacto con la naturaleza. Tienen éxito como pocos en los rituales de dinero, protección de pertenencias e inversiones.

GEMINIS: Poderes muy desarrollados para adivinar situaciones relacionadas con el progreso de hermanos y socios o para anticiparse a los cambios sociales. Tiene mayor receptividad telepática con personas jóvenes. Los rituales de éxito comercial o destinados a mejorar la comunicación entre personas son su fuerte. También aquellos dirigidos a estimular el plano intelectual.

CANCER: Puede predecir enfermedades difíciles de diagnosticar y devela incógnitas rodeadas por el misterio. También suele vaticinar los nacimientos en su familia. Su capacidad de videncia puede conectarlo con personas que están en peligro y necesitan ayuda. Domina los ritos de fertilidad, de armonía familiar y logran curar la penas de amor.

LEO: Tiene el poder de adivinar desavenencias laborales, guerras y todo tipo de conflictos de poder. Suele presagiar eventos relacionados con sus propios padres. El éxito de sus rituales reside en la poderosa fe que posee.

VIRGO: Predice los resultados de las inversiones de dinero y sucesos de la vida laboral. Aunque le cuesta conectarse con la intuición, por su naturaleza racional, es muy efectivo para los ritos destinados a llevar a buen puerto los proyectos laborales.

LIBRA: Tiende a visualizar hechos que ocurren a mucha distancia física y predecir triunfos o fracasos de los que lo rodean. Los rituales destinados a uniones amorosas, hechizos sexuales y purificaciones le resultan muy efectivos.

ESCORPIO: Suele pronosticar hechos que pueden suceder en un futuro muy lejano, relacionados con inundaciones o terremotos. También visualiza las rupturas matrimoniales. Su extraordinaria fuerza espiritual concreta rituales orientados a enamorar y atrapar al sexo opuesto.

SAGITARIO: Predice sucesos que ocurrirán muy lejos de su lugar de residencia. Sus poderes mágicos pueden influir en los ritos de éxito profesional y buena salud. Suelen presagiar los peligros que acechan a los demás.

CAPRICORNIO: Suelen ver por anticipado la solución a todo tipo de conflictos materiales. Pronostican certeramente el futuro de sus hijos. Sus facultades mágicas son muy acertadas para resolver problemas de salud, desórdenes laborales o familiares.

ACUARIO: Intuye la resolución de asuntos judiciales y suele predecir los acontecimientos que atañen a una gran cantidad de personas. Sus facultades se traslucen en los rituales mágicos que persiguen el bienestar de un conjunto de personas, el desarrollo de la creatividad o los nuevos proyectos.

PISCIS: Visualizan anticipadamente los nacimientos, las muertes y los resultados de situaciones confusas. Su potencial mágico es muy profundo cuando logra dirigir su inmensa energía inconsciente. Es muy eficaz para realizar purificaciones y deshacer hechizos negativos.

AMOR

El Ser Superior tiene destinado un compañero o compañera para cada uno de nosotros, alguien que nos ame profundamente y esté a nuestro lado en el largo camino de la vida. Pero para que este hecho efectivamente suceda debemos en primer lugar adoptar una actitud positiva y en segundo término, movilizar a las fuerzas benéficas de la naturaleza mediante invocaciones y rituales adecuados. En las próximas páginas usted encontrará todas las recetas mágicas utilizadas por las hechiceras desde la más remota antigüedad, con el fin de ayudar en la búsqueda de pareja, cortar relaciones enfermizas, combatir los celos, aumentar el magnetismo sexual y resolver los distintos conflictos que afectan el corazón del ser humano.

ENCUENTRE A SU ALMA GEMELA

Si aún no ha encontrado a su pareja ideal, durante tres noches, al acostarse, visualice una luz rosada que envuelva su cuerpo hasta que se quede dormido.

Luego, por la mañana, tome una ducha y eche sobre su cuerpo, desde los hombros hacia abajo sin salpicar la cabeza ni el rostro, una infusión realizada con agua, cáscara de manzana y una cucharada de miel. La cuarta noche, al acostarse, encienda en el cuarto un sahumerio, y visualícese envuelto totalmente en un halo de calor y de luz blanca. Luego repita fervorosamente: *Señor, sé que quiero amar, y que hay alguien que está dispuesto a entregarse a mi corazón. Deseo que llegue lo más pronto posible.* Luego imagine que esa persona entra en su cuarto, le habla, lo acaricia y también se encuentra envuelto en un halo de intensa luz. Visualice que se despide con ternura mientras se va alejando. Finalice este rito diciendo: *El amor llegará porque así lo deseo.* Repita esta visualización cuatro veces, hasta completar un total de siete noches de ritual. Si pasa el tiempo y no ha obtenido resultados, vuelva a repetirlo con más fe y más amor que antes.

CONOZCA UN NUEVO AMOR

Para encontrar una nueva pareja, durante la noche de Luna Nueva prepare una infusión hirviendo nueve pétalos de rosa blanca en 1/4 litro de agua mineral o de lluvia. Deje enfriar el líquido y luego de tomar su baño, por la noche, vuelque el té de rosas sobre su cuerpo, del cuello hacia abajo, mentalizando la luz lunar y formulando el deseo de encontrar pareja. Repita el baño los tres primeros días de Luna Nueva durante tres lunaciones, totalizando nueve baños.

SUEÑE CON SU COMPAÑERO DE VIDA

Si usted anhela encontrar a su alma gemela y teme no reconocerla cuando esté frente a ella, realice este ritual para soñarla y conocer su rostro. El ejercicio, además, le permitirá dormir larga y placenteramente.

Durante dos días aliméntese sanamente: trate de evitar las carnes, coma muchas frutas así como verduras crudas y cocidas. Beba abundantes infusiones de hierbas endulzadas con miel. Camine, haga ejercicios suaves y piense detenidamente en su vida futura, en los proyectos que desea compartir.

El día elegido, muy temprano por la mañana y en ayunas, consiga dos ramitas de álamo blanco en lo posible verdes, pero si son secas no importa: el sueño acudirá igual, aunque quizás algo menos nítido.

Por la noche cene liviano (si puede abstenerse, mejor) y beba una infusión de malva caliente. Luego tome un baño o una ducha prolongada para limpiar su aura y relajarse. Tome las ramitas de álamo, que habrá dejado previamente envueltas en un paño limpio de color rosado o amarillo pálido en donde ninguna otra persona pueda verlas ni tocarlas, y átelas con un hilo o una cinta blanca que nunca se haya utilizado antes. Póngalas debajo de su almohada. Acuéstese y al día siguiente, recuerde. Seguramente habrá soñado con su futuro gran amor. De no lograrlo en el primer intento, repítalo durante tres noches más. Si nada sucede tal vez usted ya conozca a la persona en cuestión o no esté preparado para verla.

PARA REALZAR SUS ENCANTOS

Afrodita, diosa de la belleza física y la sensualidad, es quien dota a las mujeres -y también a los hombres- de ese encanto particular y único que atrae al sexo opuesto. Si usted nota que no posee esta vibración por naturaleza, puede adquirirla con la ayuda de un baño de miel, costumbre que según la leyenda mantuvieron durante largo tiempo los adoradores de Afrodita. Luego de tomar su baño diario, eche sobre sus hombros, para que corra por todo su cuerpo, una solución de agua, tres cucharadas de miel y tres gotas de perfume. No se seque con toalla; deje escurrir el preparado, ayudándose con las manos, mientras repite: *Esta miel endulzará mi cuerpo y a él atraerá toda la energía amorosa. Despertaré la pasión en la persona que yo desee, porque expandiré la plenitud de mi belleza y mis encantos.*
Repita este baño durante 21 días consecutivos.

PERFUME DE LA PASION

La forma de elaborar el perfume de la pasión es simple. Necesitará un gramo de hojas secas de lirio, cinco flores secas de jazmín, cinco gramos de mirra, cinco gramos de almizcle y nueve pétalos de rosas rojas.
Mezcle estos elementos un lunes por la noche. Macháquelos hasta reducirlos a polvo. Luego añádale diez gotas de agua de colonia de lavanda y agua de rosas en cantidad suficiente como para formar una pasta consistente. Prepare con ella varias bolitas del tamaño de un garbanzo y déjelas secar al sol. Una vez secas, guárdelas en una caja de madera, entre polvo de incienso.

Queme las bolitas una a una en un incensario o recipiente, sobre tres carboncitos encendidos. Luego exponga su cuerpo al humo perfumado y repita: *Que este perfume impregne mi cuerpo de magnetismo, belleza y atracción amorosa.* Lo más aconsejable es que permanezca desnudo mientras sahúma su cuerpo. Realice este ritual durante tres días seguidos, deje pasar una semana y repita otros tres días.

ATRACCION A DISTANCIA

Este ritual tiene por finalidad atraer al ser amado que se encuentra lejos, mediante la evocación de su rostro.

Consiga una vela blanca, un vaso de cristal blanco con agua, un recipiente lleno de arena y varias barritas gruesas de sahumerio. Siéntese en el piso y coloque la vela encendida frente a usted, el vaso con agua detrás y el recipiente con arena a su derecha. Encienda tres varas de incienso y plántelas en el recipiente con arena. Luego evoque al ser amado y recite esta plegaria:

Sílfides que dais la gracia del amor correspondido; Ondinas que hacéis correr la corriente del amor por los corazones. Yo os conjuro.

Arrodíllese durante tres segundos. Vuelva a incorporarse y repita el conjuro. Luego apague la vela con los dedos, sople las tres varas de sahumerio para activar su combustión y rápidamente introdúzcalas en el vaso con agua para apagarlas. Observe los reflejos que se forman en el vaso y proyecte en ellos el rostro de su amor. Cuando en la superficie del agua se dibujen los rasgos deseados, el rito habrá terminado. Si esto no ocurre, repítalo durante 28 días consecutivos.

FABRIQUE LA TINTA DEL AMOR

En muchos de los hechizos de amor que usted encontrará a continuación precisará escribir algún nombre u oración en papel o pergamino. Si bien podrá hacerlo con tinta común, la tinta del amor triplicará el efecto del ritual. Para fabricarla usted necesitará un envase o jarra de litro y medio, pétalos de rosa, agua mineral sin gas, un recipiente metálico, tinta estilográfica negra y también roja, y un frasco de cristal vacío bien lavado y seco.

Llene la jarra hasta la mitad con pétalos de rosa y luego agréguele agua mineral. Cierre herméticamente y deje macerar 40 días en un lugar cálido y oscuro. Cumplido el plazo vierta esta preparación en un recipiente metálico, luego hierva hasta que el líquido se haya evaporado por completo y los pétalos estén calcinados. Recoja las cenizas y mezcle una cucharada de éstas en el frasco con cinco cucharadas soperas de tinta negra, cuatro de tinta roja y cinco cucharadas de agua mineral. Mezcle todo y agite la botella no menos de 33 veces. La tinta mágica ya estará lista, ahora sólo faltará conjurarla para darle poder.

Sobre una mesa, tienda un paño verde, encienda tres varitas de incienso en forma de triángulo y dentro del mismo coloque el frasco que contiene la tinta a conjurar. Vístase de blanco, y como única iluminación del cuarto donde se dispondrá a trabajar, coloque dos velas blancas. Póngase de pie frente al frasco en una actitud serena. Abra los brazos, elévelos hasta la altura de sus hombros, voltee las palmas de las manos hacia arriba y diga: *Mi potencia está en el nombre de aquel que creó el Cielo y la Tierra.*

Permanezca en esta posición un momento, respirando profundamente. Luego repita: *A ustedes, altísimos espíritus de Venus, invisibles pero presentes, consagren conmigo esta tinta a fin*

de que toda carta, toda nota, o todo lo que yo escriba con ella, me
conceda el amor de aquel que yo amo.

Apague luego la llama de las velas, sin soplarla, apretando rápidamente la mecha entre sus dedos y deje que los sahumerios se consuman. Arroje las velas y las cenizas a la basura. Tome el frasco de tinta y guárdelo cuidadosamente hasta que necesite usarlo. La tinta así conjurada es absolutamente personal. Nadie que no sea usted debe utilizarla. Antes de escribir, cada vez que efectúe un hechizo, tome el papel entre las manos, piense en la persona que le interesa y en el efecto que desea ver producido.

ADIOS A LA INDIFERENCIA

Si pretende conquistar a una persona que aún no se ha fijado en usted, será muy oportuno endulzar los nombres de ambos, para que a través del fuego y del sebo, se fundan en uno solo.

Debe contar con una vela rosa y colocar un poco de azúcar sobre un papel. Escriba a lo largo de la vela, de arriba hacia abajo, el nombre del futuro enamorado y sobre éste escriba su propio nombre. Pase la vela, así escrita, por el azúcar; hágala rodar sobre sí misma para que se impregne bien.

Coloque la vela en un platito y antes de encenderla invoque al Supremo y pida: *Que* ....(nombre de la persona) *repare en mí y se acerque ya.*

Repita este ritual durante tres días seguidos, comenzando un martes.

PARA CONVERTIR UNA AMISTAD EN AMOR

No son pocas las ocasiones en las que una persona que es nuestra amiga y a la cual conocemos perfectamente bien, nos interesa como para establecer otro tipo de vínculo más íntimo. Si usted es mujer, escriba para lograrlo una ardiente carta de amor que exprese toda la pasión que siente por él, pero no se la envíe. Rece durante tres noches frente a una vela rosada ante la cual habrá colocado la carta y encendido un sahumerio de sándalo.

Si usted es varón, recite una oración de petición durante tres días seguidos y cómprele un regalo especial que le entregará después de haber formalizado el noviazgo.

EL RITUAL DE LOS CABELLOS

Necesita simplemente unos cabellos de la persona a atraer, alfileres, una vela rosa y un cable de cobre que podrá obtener pelando un cable eléctrico.

Escriba su nombre y apellido en la vela, de arriba hacia abajo, con el cable de cobre. Rodee la vela con los cabellos, envolviéndola. Presione ligeramente y los cabellos se pegarán solos. Luego pinche sobre cada letra un alfiler. Encienda la vela hasta que caiga un alfiler, repitiendo: *Espíritu de Venus, que el corazón de* (nombre de la persona deseada) *arda de amor, como esta llama arde en vuestro honor.*

Cuando caiga el primer alfiler, apague la vela y enciéndala al día siguiente hasta que vuelva a caer otro alfiler. Comience este rito un día lunes entre las 12 y las 13 hs y luego continúe siempre en este horario.

Continúe del modo indicado hasta que caigan todos los alfileres. El resto de la vela que quede, tírelo envuelto en una bolsa junto con los alfileres, una vez concluido todo el ritual.

TRANSFORME EN REALIDAD UNA PREMONICION

Muchas veces soñamos con el amor de una persona y ese sueño no es otra cosa que una premonición. Para averiguar si realmente aparecerá en nuestras vidas el ser de los sueños, en primer lugar debemos intentar que el sueño se repita. Para ello debemos encender un sahumerio de rosas y otro de incienso en el cuarto, antes de acostarnos. También deberemos colocar una ramita de laurel y otra de muérdago debajo de la almohada y escribir en un papel el nombre y la edad que usted se imagina que tiene el ser soñado. Coloque luego el papel debajo de una vela blanca o rosada que dejará consumir mientras duerme.

Si el sueño se repite, no hay duda de que pronto aparecerá esa persona en su vida real. Si no, intente tres noches más, siempre concentrándose antes de dormirse en las imágenes del sueño inicial.

RECIBA UNA DECLARACION

Si usted desea que la persona elegida se le declare, invítela a cenar. Encienda un sahumerio de musk antes de que llegue y perfume el ambiente con unas gotas de su esencia preferida rociando las cortinas del comedor. Durante la velada ilumine la habitación con dos velas de color rosa pasadas previamente por azúcar y colocadas en dos candelabros.

En el fondo del candelabro inserte un papel en donde haya escrito su nombre y el del invitado. Primero escriba el nombre de la otra persona y sobre éste escriba el suyo. Mientras cenan, las velas tienen que arder. La persona amada se rendirá así ante sus encantos. El día más indicado para organizar este encuentro será el viernes. Y un último truco: no compre comida hecha, cocine aunque sea un plato sencillo, lo que mejor sepa hacer... ¡pero con amor!

APURE A UN INDECISO

Este rito contribuye a que una persona nos declare finalmente sus sentimientos y también a que nuestra relación de pareja sea cada día más definida y estable. Para efectuarlo deberá conseguir un huevo fecundado, porque esotéricamente se considera que su poder reside en poseer un germen de vida. Es muy importante que el huevo no haya sido limpiado ni tocado por nadie, motivo por el cual lo más recomendable es que usted mismo lo consiga. También debe procurarse una pequeña caja de madera pintada totalmente de negro, en la cual pueda guardar el huevo cómodamente.

Con todos estos elementos en su poder, proceda a escribir su nombre en uno de los vértices del óvalo y el nombre de la persona amada sobre el otro. A continuación caliente el huevo con sus manos, sosteniéndolo con delicadeza. Concéntrese mentalmente con fuerza en la idea de lograr que su relación de pareja se convierta en un amor fecundo. Una vez realizada esta operación, guarde el huevo en la caja, que ubicará en un sitio oscuro, protegido de las corrientes de aire y de las miradas indiscretas. De otro modo, el hechizo perderá su poder.

El efecto de este ritual es seguro pero lento. Pasado un año arroje el huevo en una corriente de agua, puede ser en un río o en una alcantarilla. Cuando lo haga, agradezca en voz alta la ayuda de los espíritus benéficos que le permitieron la fecundación del amor.

CORTE LA INDIFERENCIA CON ALFILERES

Si usted conoce a una persona que le atrae, pero que no repara en usted, este método ayudará a que se acerque. Un día viernes, entre las doce de la noche y la una de la madrugada, grabe el nombre de la persona que desea seducir en una vela blanca con un punzón de madera. Clave en la vela tantos alfileres como letras tenga el nombre en cuestión. Encienda la vela y escriba en un papel: *Corto para siempre la indiferencia que nos separa.* Y más abajo, escriba su nombre y el de la persona deseada, dentro de un círculo.

Cuando caiga el primer alfiler, queme el papel escrito con la llama de la vela. Luego repita: *Espíritu de Venus, enciende el amor, atrae nuestros corazones, consagra la atracción entre* ....(nombre de la persona) *y yo.* Apague la vela.

Repita el ritual todas las noches hasta que se hayan caído todos los alfileres.

LOGRE QUE LO LLAMEN POR TELEFONO

No son pocas las veces en que esperamos ansiosamente que alguien se comunique con nosotros. Sin embargo, muchas veces es como si una extraña fuerza no permitiera que la comunicación se produzca.

Para que su deseo se cumpla invoque a San Antonio mediante la siguiente oración:

San Antonio, que ..... (nombre de la persona con la que desea comunicarse) *me llame por teléfono. Que se comunique conmigo ya y que no esté tranquilo ni tenga paz hasta que lo haga, de lo contrario, no descansará su corazón. Amén.*

MAGNETIZACION CON PERFUME

Para que la persona amada se sienta atraída por usted y lograr que su propia imagen invada los pensamientos del ser querido, debe recurrir al magnetismo con perfume. En este caso no se trata tanto del aroma en cuestión, sino de la forma en que coloque la fragancia sobre su cuerpo y a su nivel de concentración. Si bien no debe buscar un perfume en especial, lo más conveniente es que se trate de un aroma fuerte y de consistencia aceitosa.

Póngase de pie, con el frasco entre las manos y comience a colocarlo sobre su cuerpo, mientras repite la siguiente frase:
Venus, Diosa del Amor, yo te invoco para que atraigas hacia mí el amor de ....(aquí pronuncie el nombre completo del ser amado).

Es importante que esta oración la repita mientras esparce la esencia, siguiendo estos pasos:

1) Haga círculos sobre la frente.
2) Coloque el perfume detrás de sus orejas.
3) Si usted es mujer, dibuje ochos alrededor de sus senos.
4) Haga círculos con el dedo índice a la altura de su cintura.

LOS COLORES MÁGICOS
QUE ATRAPAN A CADA SIGNO

Cuando vaya al encuentro de la persona a quien quiere seducir, tenga en cuenta que los colores de su ropa producirán un efecto mágico que provocará que la atracción mutua se desate con sólo mirarse. Para esto sólo debe saber a qué signo pertenece el elegido de su corazón e incluir alguna prenda o accesorio en su vestuario, del color que le indica la siguiente tabla:

LOS SECRETOS DE LA BRUJA

ARIES	ROJO
TAURO	AZUL Y CELESTE
GEMINIS	AMARILLO Y LILA
CANCER	BLANCO Y VIOLETA
LEO	ANARANJADO, ROJO Y AMARILLO
VIRGO	VERDE OSCURO Y AZUL MARINO
LIBRA	INDIGO Y VERDE CLARO
ESCORPIO	MORADO Y ROJO OSCURO
SAGITARIO	PURPURA Y MORADO
CAPRICORNIO	MARRON Y NEGRO
ACUARIO	VIOLETA Y AZUL OSCURO
PISCIS	AZUL Y BEIGE

Si no le es posible ponerse ropa del color indicado para cada caso, utilice un pañuelo de seda o de gasa en esos tonos.

EL AMULETO DE LA UNION PERFECTA

Confeccione una bolsita de franela roja, cosida con hilo violeta. Coloque una vela blanca, una roja y otra verde en una mesa formando un triángulo, de manera tal que la de color blanco se sitúe en la parte superior y debajo de ella queden a la izquierda la vela verde y a la derecha, la roja.

Prenda la vela blanca y diga en voz alta la siguiente oración:
Esta vela simboliza mi sinceridad y mi fe, las que poseo en todos mis

planos: *mental, físico y espiritual. Estas cualidades son mis aliadas para conquistar el amor de* ...... (pronuncie el nombre de la persona que desea conquistar).

Encienda la vela roja y la verde y coloque en la bolsita los siguientes elementos: un objeto propio y otro que le pertenezca a la persona que desea atraer, una cucharadita de nardo, un puñadito de clavos de olor y tres pétalos de una rosa roja.

Cosa la parte superior de la bolsa, colóquela en el centro del triángulo formado por las velas y diga en voz alta: *Bolsita, ayúdame para que los dos corazones se unan para siempre.* Pase la bolsita por encima de las tres velas y diga: *Con este fuego consagro el fuego de este amor predestinado.*

Por último rocíela con agua bendita. Lleve la bolsita con usted durante dos semanas. Este ritual no debe ser hecho cuando la Luna esté en su fase nueva.

CONSIGA NOVIO CON LA VERBENA

La verbena es una planta alquímica, estrechamente vinculada con la figura de San Antonio. Sus facultades, como las del santo, son favorecer el amor y el matrimonio, ayudar en la recuperación de cosas perdidas y la restitución de la fe.

El día de San Antonio (13 de junio), las jóvenes solteras que quieran conseguir novio deberán a acudir a rezar al santo provistas de 13 alfileres debidamente bendecidos y pasados por agua del grifo. Luego los deberán colocar en una cajita y -al ver cumplido su sueño de encontrar compañero- los enterrarán sin ser extraídos de su caja, debajo de una planta de verbena.

En el día de San Antonio también puede recoger ramitas de verbena y guardar los ramos junto con una manzana troceada, sin piel, en una botella de aguardiente seco de buena calidad, llena sólo hasta la mitad. Deje macerar al sol durante nueve días, al término de los cuales deberá agregar el zumo de un limón y mosto de buena calidad, hasta llenar la botella. Luego, beba una copita, que puede ser rebajada con agua (de ambas formas tiene un sabor agradable), antes de pedir: *San Antonio, San Antonio, a Ti quiero pedirte un novio*. Atención: no tomar más de dos copitas por día.

REENCUENTRESE CON SU PRIMER ENAMORADO

Si su deseo es volver a tener una cita con aquella persona que fue su primer amor y con quien ha perdido contacto a través de los años, puede recurrir a esta invocación mágica.

Para construir un altar disponga de una mesa de madera, en donde colocará: un espejo sin marco, cuatro velas blancas dispuestas en forma de cruz, algún regalo o carta de amor que le haya entregado la persona que quiere hallar y una estampita de San Antonio, colocada encima del espejo.

En una noche de Luna Creciente dedíquese a armar el altar, con todo lo indicado. A la noche siguiente prenda una vela y pronuncie una oración a San Antonio, pidiéndole que atraiga hacia usted a la persona querida. No apague la vela, déjela que se consuma. Esto deberá repetirlo durante tres días. Al sexto día tire las velas ya consumidas, prenda un incienso en el altar, tome el regalo o la carta de amor y cúbralo con un pañuelo suyo. Agradezca al santo la ayuda y deje todo así durante tres días más. Al tiempo, se encontrará "casualmente" con él o ella por la calle, o un amigo en común le dará su teléfono.

PARA CONTINUAR CON UN ROMANCE DE VERANO

Si conoció a la persona de sus sueños durante sus vacaciones en la playa y desea que el romance perdure, recurra a este hechizo con agua de mar.

En la última noche de su estancia en el lugar, diríjase a la playa con una vela blanca. Escriba en la arena húmeda su nombre y el del elegido. Luego encienda la vela y clávela en medio de los dos nombres. Recoja en un frasco de vidrio toda el agua de mar que le sea posible. Cuando regrese a su hogar, prepare un baño y agréguele toda el agua marina. Sumérjase en el baño y repita tres veces: *Convoco el poder de las profundidades del mar para que protejan y acrecienten este romance, y lo transformen en amor verdadero*.

También le será útil juntar varios caracoles marinos, guardarlos en un frasco cubierto de arena y colocar en el mismo un papel con el nombre del ser conquistado. El frasco lo deberá guardar en su dormitorio, cerca de su cama.

EL HECHIZO DEL CASAMIENTO

Si ya no ve la hora de formalizar su relación y su pareja se resiste, ponga en práctica alguna de estas dos recetas que le permitirán llegar al altar antes de lo que se imagina.

Si usted es mujer, escriba su nombre completo en un trozo de papel blanco y guárdelo en el interior de un zapato de un novio el día de la boda.

Otra alternativa será arrancarse tres cabellos y esconderlos bajo el velo de la novia antes de que entre en la iglesia.

Los hombres pueden proceder de manera similar escondiendo el papel en el zapato de una novia o colocando tres cabellos en el bolsillo del novio. En ambos casos es indispensable que nadie más lo sepa, ni siquiera la persona que lleve los cabellos o el papel.

RITUAL DEL SAPO PARA AUMENTAR LA PASION

Si usted está interesado en conquistar a una persona, empape un paño blanco y cuadrado en orina de sapo. Luego consiga una prenda -preferentemente íntima- del ser amado para unirla a la tela mojada con un hilo de seda. Una vez realizado este procedimiento, en el centro exacto de un cuarto cerrado préndale fuego al conjunto. En una noche de Luna Creciente, tome un mechón de sus propios cabellos y anúdeles cinco cabellos de la persona elegida. Previamente prepare un carbón encendido dentro de un recipiente de metal, dentro del cual arrojará los cabellos anudados. Mientras realiza esta operación, pronuncie siete veces esta invocación:
Espíritu del fuego, espíritu de fuerza y de poder:
¡te pido la unión eterna de este amor!
Espíritu de tiempo que se haga la voluntad universal,
que el hombre y la mujer se unan en tu nombre y tu gloria.
Cuando el carbón se consuma totalmente, arroje los restos al inodoro.
Los resultados positivos de este hechizo se manifestarán quince días después del ritual.

ENCIENDA LA HOGUERA DEL DESEO

Varios son los métodos que puede emplear para lograr que el ser amado se entregue a una relación pasional e intensa.
Una forma es clavando alfileres en un limón. Cuando este se

seque, su enamorado estará definitivamente a sus pies. Para esto mantenga el limón en un lugar fresco, envuelto en uno de sus pañuelos y fuera de la vista.

Otra forma es poner una manzana, la más hermosa que consiga, dentro de un frasco con sidra. Continúe agregando más líquido a medida que éste se evapore, mientras repite mentalmente: *Para que nuestra unión sea cada vez más dulce, apasionada y romántica. Por la atracción eterna y la fidelidad.*

LAS UÑAS BAJO EL ARBOL

Para este encantamiento, cuyo fin es aumentar el deseo del ser amado, es necesario contar con trozos de uñas de los pies o de las manos de la persona en cuestión. Envuelva las mismas en una tela impregnada con agua de rosas y luego, a las doce de la noche de un viernes, entierre el amuleto al pie de un nogal, un pino o un árbol frutal. Es muy importante que esta ceremonia la realice en el más estricto secreto y que el envoltorio sea enterrado a una profundidad no menor de cincuenta centímetros.

HECHIZO DE LA PATA DE LA GALLINA

Cuando decida poner en práctica este hechizo deberá contar con una prenda íntima de la persona amada y con una propia. Deberá amarrar ambas con una hierba llamada "pata de gallina", que se consigue en cualquier herbolario. Luego eche sobre el envoltorio humo de tabaco y aliento de aguardiente. A continuación encienda una vela, y a la luz de la misma rece la siguiente plegaria:

Pido por el bien del ser que amo, pido por la luz interior del ser que amo. Envío luz a su mente, envío luz a su corazón. Envío luz a su

sexo y pido por nuestra eterna unión.
Preferentemente la ceremonia la debe realizar un viernes a medianoche y sin ropa.

ROMERO, LA PLANTA DEL AMOR ETERNO

El romero es una de las más extraordinarias plantas medicinales y mágicas. Los ocultistas afirman que es la hierba del amor eterno. Las flores de romero, puestas en contacto con la piel del centro del pecho, producen alegría y curan las penas de amor. Quemando romero la última semana del mes, se fortalece el amor de la pareja que habita la casa. Para volver a enamorarse después de un desengaño sentimental, será muy efectivo poner una ramita de romero en la mesa de noche Llevar una ramita de romero en el ramo de novia asegura el amor y la felicidad en el matrimonio que se va a celebrar.

OLVIDE UNA PENA CON LA MELISA

La melisa quita todas las penas, pero en especial es conocida por suavizar las penas de amor. Ya las hechiceras de la Edad Media habían encontrado en la melisa un efectivo recurso para remediar las decepciones, el desencanto, la falta de ilusión y la tristeza que acompaña el doloroso proceso de las rupturas amorosas.
Tome, al levantarse una tisana de melisa. Frente a un montoncito de sus hojas, que previamente habrá apartado, pida un deseo positivo. Si el deseo formulado es importante o especialmente difícil, potencie la acción de la planta poniendo sobre sus sienes, su frente y las palmas de sus manos un poco de perfume de melisa, repitiendo en forma secreta la petición.

Para preparar la tisana, hierva agua y, antes de retirarla del fuego, eche dos cucharadas de la planta por taza. Déjela asentar unos minutos y podrá tomar hasta tres tazas por día de esta infusión.

Esta tisana resulta recomendable en todos los casos en que, además de potenciar el poder mental y la alegría, se requiera tener la mente despejada y los nervios serenos.

ALEJE AL ABURRIMIENTO DE SU MATRIMONIO

Para lograr que en su relación de pareja siempre exista pasión y no surja el tedio, prepare un baño una noche de Luna Creciente y agréguele tres pétalos de rosa roja, nueve de jazmín, y tres ramitas de ruda. Luego de tomar el baño, vístase con ropa de colores alegres, tome bolígrafo y papel, y haga un dibujo con tinta roja que lo represente a usted y a su pareja. Escriba en la misma hoja: *La pasión que nos une, será un fuego eterno protegido por Venus, que no se extinguirá por la rutina.* Luego enrolle el papel, átelo con una cinta roja, otra verde y una tercera violeta. Guárdelo en el cajón de su ropa interior, junto con un frasquito de perfume vacío y una foto de ambos. Repita el ritual todos los años a ser posible en verano.

CONSERVE A SU PAREJA ETERNAMENTE

Consiga un pañuelo de la persona amada; si lo ha llevado cerca de su cuerpo, mejor. Por la mañana temprano, cuando el sol aparezca sobre el horizonte, salga al balcón de su casa, al jardín o asómese por una ventana, y mirando hacia el Este proceda a hacer tres nudos en el pañuelo diciendo: *Con mi energía y la energía solar, que estos nudos fortalezcan la unión*

entre..........(mencione su nombre y el de su amado).
Guarde el pañuelo así anudado en un lugar que no esté a la vista de extraños. Sin duda alguna esto los unirá profundamente.

ATRAIGA LA DULZURA A SU HOGAR

Este incienso posee una vibración altamente positiva, pues su misión principal consiste en llenar de alegría el sitio donde es quemado. Es excelente para ser utilizado en aquellos lugares donde hay ancianos, o personas que sufren de depresión y que ya no encuentran razones para vivir.

Como el olor del incienso es bastante fuerte, es preferible quemarlo cuando la casa esté solitaria; su influencia permanecerá hasta después de la llegada de los demás miembros de la familia.

Mezcle dos o tres gotas de miel líquida con media cucharadita de azúcar moreno. Eche la pasta sobre un carbón encendido, y sahúme toda la casa.

Si usted mismo es quien se siente deprimido, puede utilizar este incienso para alejar la negatividad. Para hacerlo coloque su quemador de incienso debajo de una silla de respaldo recto y tenga preparada una sábana blanca.

Encienda el carbón, eche la mezcla y siéntese en la silla, desnudo o en ropa interior y cuidando que la sábana no toque el carbón encendido, envuélvase en ella pero abarcando también la silla. Tenga la precaución de dejar la cabeza fuera.

Mantenga esta posición entre diez y quince minutos. Notará un cambio muy importante en su estado anímico. Este incienso no puede conservarse por más de una semana, por lo que es aconsejable preparar la cantidad justa que se va a usar en cada ocasión.

PROTEJA SU NIDO DE AMOR

Para liberar su vivienda de las energías negativas que muchas veces interfieren en la felicidad de la pareja, nada mejor que hacer una limpieza con retama.

Prepare un té con hojas de retama, deje que se refresque y luego vuelque dos tazas de la infusión en un cubo con agua. Rece una oración pidiendo protección divina para su hogar. Separe una parte del líquido en otro recipiente que usará para enjuagar la esponja con la que efectuará una limpieza desde el fondo de la casa hacia la puerta de entrada. Vaya limpiando con el trapo bien embebido en el agua de retama, marcos de puertas y ventanas, y luego los pisos. Una vez que haya concluido la tarea, vuelque el líquido sobrante de los dos recipientes en una zanja o desagüe exterior.

Por último puede colocar jarrones con varas de retama fresca en los cuatro extremos de la casa para acentuar el efecto de la limpieza. Tenga en cuenta que se trata de un ritual de purificación destinado a eliminar los efluvios negativos que se encuentran cerca del suelo.

Esta limpieza la deberá hacer en principio los martes y jueves. Luego una vez por mes. El té de retama lo puede remplazar por el de ruda. Use tres cucharadas por litro de agua y obtendrá los mismos resultados.

ALEJE A LOS ENVIDIOSOS

A menudo descubrimos que las personas que nos rodean envidian nuestro amor y nuestra felicidad conyugal. Para limpiar su casa de los efectos negativos que provocan, un jueves por la mañana y en ayunas cuelgue cintas rojas en todas las puertas de su casa. Luego ponga un recipiente al fuego con un puñado de sal gruesa y un pimiento cortado en trocitos. Cuando comience a hechar humo agréguele una flor blanca y deje el recipiente en el suelo, a un metro de la puerta de entrada. Encienda varios sahumerios de violeta y déjelos consumir en todos los ambientes de la casa. Cuando todos los sahumerios se hayan consumido, retire el recipiente del suelo y tire el contenido en un desagüe. Repita este ritual cada tres meses.

CALME LOS NERVIOS DE SU PAREJA

Cuando usted note que su pareja está excesivamente nerviosa y que nada puede cambiar su humor, coloque cerca suyo un objeto de color violeta y procure vestir ropa de esa misma tonalidad. Evite contestarle, e imagine mentalmente que un rayo violeta sale de su propia frente y cubre a su pareja tanto por fuera como por dentro. Persista con ese pensamiento. Si el nerviosismo continúa varios días, coloque en medio vaso de agua, tres cucharadas de miel y sumerja una foto del ser amado, la cual deberá permanecer en el fondo del recipiente y cubierta por el líquido. Cuando su compañero regrese a la casa, enciérrelo mentalmente en un círculo, que deberá ser dibujado imaginariamente en el sentido de las agujas del reloj. De este modo la negatividad no llegará hasta usted. Cuando se dispongan a comer, coloque al lado de su plato, y a modo de homenaje, un pequeño florero con violetas. Como al descuido, vuelque sobre su pareja, aunque más no sea, una gota de miel. Esparza sobre la silla en la que él se sentará, o sobre su sillón preferido, un pequeño puñado de azúcar. Si sigue estas indicaciones paso a paso y aunque su pareja esté atravesando por un momento difícil, usted no será el blanco de sus agresiones.

PARA CONCEBIR UN HIJO

Este antiquísimo ritual se deberá realizar en pareja. De otro modo no surte ningún efecto.

En una noche de Luna Creciente deberán dirigirse hacia un lugar en donde crezcan árboles frutales y arrancar siete ramas, a las cuales separarán de sus hojas. Luego el hombre deberá pasar las ramas por el vientre de su mujer, frotándolas con dulzura durante unos minutos. A la medianoche harán una fogata en donde quemarán las hojitas arrancadas junto con las ramas peladas mientras recitan la siguiente oración: *María, madre del hijo de Dios, ayúdanos a concebir a nuestro hijo, que será fruto del amor que nos tenemos, y fruto del amor que Dios siente por los hombres. Deseamos que nuestro hijo nazca sano y fuerte, y queremos brindarle todo nuestro amor de padres.*

Esa noche la pareja deberá dedicarla al amor, concentrando su pensamiento en la llegada del nuevo ser.

CONTRA MALEFICIOS QUE DESUNEN

Cuando el ser amado lo abandone repentinamente y parezca haber olvidado de repente todo lo que han vivido juntos, puede ser que ustedes sean víctimas de un trabajo maléfico para desunirlos. Para hacerlo reflexionar y liberarlo del mal influjo, elija un hermoso pimpollo de rosa de color rosado y envuélvalo en un trozo de seda azul. Prenda un carbón y cuando esté bien encendido colóquelo dentro de un recipiente de metal y arroje el pimpollodentro del mismo. Comience a decir en voz alta: *Para que tú* ....(pronuncie el nombre del ser amado) *vuelvas a mi lado y recobremos la felicidad.*

Espere que todo se convierta en cenizas; luego recójalas y

entiérrelas debajo de un árbol frondoso.

ATRAIGA AL AMADO QUE SE MARCHO

Si quiere que regrese el ser amado, prepare una infusión de manzanilla, boldo o tila. Bébala por la noche en forma lenta y pausada. Relaje su cuerpo y medite. Tome una ducha y después un baño en el que haya colocado pétalos de alguna flor. Puede ser una flor blanca o rosada, pero nunca amarilla. A la salida del baño visualice una tela verde que lo cubra de los pies a la cabeza e introdúzcase en su cama.

Al tercer día prepare un encuentro con su ex-pareja. Durante el mismo sea honesto: diga todo lo que realmente siente. Con los pétalos de la misma clase de flor que usó para bañarse prepárele un té.

Si una vez concluido el ritual no recupera el amor perdido, será una señal de que ese amor no era para usted. Pero ahora estará preparado para conocer al verdadero amor.

RITUAL DE LA RECONCILIACION

¿Cuántas veces ocurre que dos personas que realmente se aman se encuentran distanciadas por causas desconocidas? Sin embargo, si ese amor mutuo es verdadero y definitivo, la magia puede ayudarnos a concretar esa unión. Tome dos figuras de un juego de ajedrez, un rey y una reina, preferentemente de madera. Colóqueles los nombres del hombre y la mujer. Luego deberá atar ambas figuras con un cordón o cinta de seda color verde.

Para que este ritual cobre mayor fuerza solicite el apoyo de un amigo que desee acompañarlo en su realización. Además es conveniente el recitado de la siguiente oración proveniente de antiguos y ceremonias.

El .... (insertar el nombre masculino) *es bondadoso,*
Ella .... (insertar el nombre femenino) *es inteligente,*
que el cordón de Venus los ate fuertemente. Que el Sol de día y la
Luna de noche, conviertan sus vidas en alegre derroche. Luz, risa,
alegría, bondad, ya nada en el mundo los separará.

ESCRIBA LA CARTA DEL PERDON

Si una fuerte discusión lo ha alejado momentáneamente de su
pareja, escríbale una carta de amor mágica para reconciliarse.
Elija un papel en blanco de color rosado o celeste, al que dejará
toda una noche debajo de un pliego de papel celofán de color
azul. Por encima del celofán disponga una hoja de menta, dos
cucharadas de azúcar y cinco flores blancas. A la izquierda del
mismo, deje una vela blanca y a la derecha una foto de su
pareja cubierta con un pañuelo blanco. A la mañana del día
siguiente prenda la vela y comience a escribir la carta (en lo
posible con la tinta del amor). Exprese sinceramente todos sus
sentimientos y pida disculpas si considera que está arrepentido
de haber actuado en forma incorrecta. Luego guarde la carta
dentro del sobre, y déjela todo un día bajo su almohada cubierta
por el mismo pañuelo que usó para cubrir la foto. Al día siguiente ponga dentro del sobre un poquito de azúcar y envíesela
por correo o entréguesela personalmente.

CORTE LAZOS EN MENGUANTE

El Cuarto Menguante lunar es muy favorable para concluir una
relación amorosa y pedir para que nuestras heridas afectivas
cicatricen con rapidez, ya que es la etapa que simbólicamente
representa la muerte de aquello que se inició durante la Luna Nueva.

Si este es su caso y usted desea dejar atrás un amor, deberá hervir un vaso de agua y una vez que esté tibia agregarle tres gotas de amoníaco o una cucharadita de sal marina. Durante la noche eche ese preparado sobre todo su cuerpo, del cuello hacia abajo y luego invoque el poder purificador de la Luna Menguante para que ella limpie su corazón.

ROMPA UN ENCANTAMIENTO DE AMOR

Si su ex novio o marido le hace un trabajo de magia destinado a perturbar sus emociones y usted no consigue volver a rehacer su vida amorosa con otra persona, necesita realizar un encantamiento para destrabar esa situación.

Llene una pequeña botella con agua hasta sus tres cuartas partes, y colóquele siete agujas de coser, tres dientes de ajo y un mechoncito de sus cabellos. Cierre herméticamente la botella, y mientras la sostiene con su mano derecha, repita tres veces: *Todo el mal que viene hacia mí, volverá para atrás. Seré libre de amar a quien yo quiera.*

Coloque la botella en algún lugar oscuro de su casa y rpocure que nadie sepa de su existencia. Déjela reposar por espacio de veinte días; transcurrido ese tiempo, arroje la botella en una bolsa de basura y sáquela inmediantamente fuera de su casa.

Este hechizo eliminará la influencia de otros sobre sus emociones y le garantizará que quien lo molesta no pueda volver a interferir en su vida.

Recuerde que este ritual no se puede hacer en nombre de otros: úselo exclusivamente cuando usted sea la víctima.

TERMINE DEFINITIVAMENTE CON SU EX

Cuando dos personas que se amaron deciden poner fin a su relación, todavía queda entre ellas un lazo de conexión astral. Este lazo, que se ha formado en gran medida a través del contacto sexual, mueve energías muy poderosas. Generalmente, con el tiempo, este cordón astral pierde su fuerza hasta que desaparece. Pero hasta que esto ocurre no es posible desprenderse del recuerdo de la otra persona y esto provoca molestias, dolor y angustias, entre otros sentimientos confusos y contradictorios. Para poner punto final a esta situación es muy conveniente recurrir al siguiente ritual.

En una cazuela de hierro ponga a cocinar a fuego lento seis nueces sin pelar. La cocción deberá durar tres horas, por lo que tendrá que agregar agua a medida que ésta se vaya consumiendo. Cuando haya pasado ese lapso de tiempo, y en la cazuela quede aproximadamente un litro de agua hirviendo, apague el fuego y deje que todo se enfríe hasta alcanzar la temperatura ambiente. Retire las nueces y tírelas. Prepare un baño y agregue la infusión de nueces al agua de la bañera. Sumérjase en el agua y rece para terminar con la relación definitivamente.

Atención: no haga este ritual si no está seguro de querer cortar la relación para siempre. Medite muy bien el tema y luego tome la resolución. Bajo ninguna circunstancia, después de este rito, vuelva a mantener contacto sexual con la otra persona.

LIBERESE DEL ACOSO DE UNA ANTIGUA PAREJA

Si somos víctimas de una persona a quien en otro momento amamos, pero que hoy no sólo que no nos interesa sino que hasta nos resulta fastidiosa, podemos utilizar un eficaz ritual para que se aleje definitivamente. Escriba en un papel en blanco el nombre completo de la persona que desea alejar. Luego introdúzcalo en un frasco de vidrio, agréguele sal gruesa, pimienta y agua hasta cubrirlo todo. Tape el recipiente y guárdelo en el congelador exactamente durante 27 días.

Pasado este lapso de tiempo, retírelo de allí y arroje el frasco, envuelto en un trozo de polietileno, en alguna esquina lejana a su hogar.

SEPARE A DOS SERES QUE SE ESTAN LASTIMANDO

Si usted detecta que la unión amorosa entre dos personas perjudica a otros seres, o incluso la víctima es uno de los integrantes de esa pareja, puede recurrir a este hechizo para separarlos.

A la hora del crepúsculo escriba el nombre de cada una de las personas a separar en dos papeles distintos. Prenda cada papelito en las caras opuestas de una pastilla de jabón blanco, sosteniéndolos con alfileres. Encienda una vela verde y pase el jabón por la llama, repitiendo: *Que el amor entre* .... *y* .... (nombre a las dos personas) *se consuma como esta vela y que una barrera separe sus vidas para siempre.*

Al cabo de siete minutos arroje la vela y el jabón con los papeles y los alfileres a la basura. Luego tome un vaso de agua con una cucharada de miel y repita internamente: *Que este hechizo traiga felicidad y nunca desdicha.*

De más está decir que el efecto del rito se anulará si es hecho con intenciones egoístas o meramente destructivas.

SUPERE UNA TRAICION

Si fue víctima de una traición por parte de su enamorado, recurra a este encantamiento que lo ayudará a limpiarse de todos los efectos negativos que le provocó. Escriba en un papel el nombre de quien lo traicionó y sumérjalo en un vaso de leche. Déjelo así toda una noche. A la mañana siguiente tome el papel y déjelo secar al sol durante unas horas. Luego encienda una vela roja, diciendo: *Los efectos de este mal volverán a quien me traicionó.* Coloque el papel doblado debajo de la vela, y déjela consumir. Al día siguiente prenda otra vela roja y queme el papel con su llama. Durante cinco días más deberá prender una vela roja, siempre a la misma hora. Después de una semana arroje todas las velas a la basura, junto con algún pequeño objeto (puede ser un pañuelo, un peine, etc.) que pertenezca al ser que lo traicionó.

PARA CALMAR UN ATAQUE DE CELOS

Si su enamorado la acosa constantemente con sus celos infundados y persiste en una actitud desconfiada hacia usted, con este ritual logrará tranquilizarlo y restituir el clima de armonía en la pareja.

Lo ideal es comenzar una noche en que la Luna esté en Cuarto Menguante. Tome un rectángulo grande de algodón, dóblelo en forma de libro e introduzca en su interior tres clavos oxidados; si no los tiene, los podrá obtener dejando los clavos una noche en un recipiente con vinagre.

Luego encienda una vela blanca o rosada, tómela con su mano derecha y deje caer veinte gotas de cera sobre el algodón. Apague la vela con sus dedos humedecidos (no debe soplarla), guarde el algodón dentro de una prenda de su amado, y envuélvala en un papel celofán de color rosado. Deberá dejar esto en el cajón de su ropa interior durante tres noches, al cabo de las cuales tirará el algodón, los clavos y el celofán a la basura. Con la prenda que haya utilizado envuelva una foto de su pareja. Deje la foto así envuelta tres noches más en un lugar secreto. Solamente si las escenas de celos vuelven a repetirse, insista con este ritual a las tres semanas de haberlo comenzado.

NEUTRALICE A SU SUEGRA

Si está sufriendo una excesiva presión por parte de su suegra y desea evitar que ella interfiera en su relación de pareja, recurra a este ritual que lo ayudará a apartarla de su vida privada.

Escriba el nombre de su suegra en papel madera y a continuación anote, una por una, todas las actitudes que le molestan de ella. Doble el papel en cuatro y guárdelo en un cajón; coloque encima del mismo una tijera abierta. Luego llene por la mitad un vaso con agua fría y agréguele tres cucharadas de sal, una de vinagre y un diente de ajo. Deje el vaso sobre una foto de su pareja durante un día entero y coloque todo en un lugar que no esté a la vista. Al día siguiente queme el papel, tire el contenido del vaso y guarde la tijera abierta durante tres días debajo de su cama matrimonial.

LIBERESE DE UNA CUÑADA ENTROMETIDA

Si su cuñada es maliciosa, envidiosa o interviene demasiado en sus asuntos privados, aléjela de su casa con este ritual. Una noche de Luna Llena tome siete pajitas de escoba y córtelas con la mano hasta reducirlas al mínimo de tamaño. Coloque los pedacitos en un plato hondo, agrégueles un puñado de sal gruesa, tres cucharadas de arena, una de cal y tres granos de pimienta. Luego escriba dos veces el nombre de su cuñada en un papel blanco, primero normalmente y luego al revés, es decir comenzando por la última letra hacia la primera. Doble el papel en cuatro y sitúelo en el fondo del plato, ayudándose con una cuchara, de manera que quede enterrado bajo los elementos antes mencionados. Espere diez noches y comprobará que poco a poco su cuñada comienza a distanciarse. De lo contrario, repita el ritual la próxima Luna Llena.

EL PODER DE LA LUNA EN LOS HECHIZOS DE AMOR

El ciclo de la vida de las plantas, las mareas y el biorritmo animal son fenómenos estrechamente ligados con las cuatro fases de la Luna.

De hecho, si prestamos atención a nuestros estados de ánimo y a nuestra vitalidad, podremos percibir que los cambios de la Luna influyen poderosamente en nuestro comportamiento. Tal vez por eso la magia también ha estado siempre ligada a la energía lunar, ya que las hechiceras consideraban que el poder de este satélite influye en el destino humano, si es que sabemos invocarlo y utilizarlo correctamente. Ahora bien, así como el Sol ha sido considerado siempre como una energía masculina, que gobierna la actividad y el pensamiento intelectual, la Luna se considera femenina por conectarse con el campo de la intuición y el mundo de los afectos. Debido a ello, muchos hechizos de amor tienen en cuenta las fases de la Luna, ya que en cada una de estas fases se llevan a cabo distintas ceremonias con una finalidad específica. Los de Luna Nueva son buenos cuando una relación se inicia, los de Creciente cuando la situación se está desarrollando, los de Luna Llena se vinculan con la búsqueda de plenitud amorosa y sexual, mientras que los rituales de Luna Menguante son mejores para aliviar penas de amor y llevar a cabo rupturas.

PARA QUE SU PAREJA OLVIDE A OTRO AMOR

Si con frecuencia su enamorado se siente invadido o torturado por el recuerdo de una ex esposa o novia, recurra a este rito que borrará para siempre cualquier influjo del pasado.

Tome un pañuelo de su amado y empápelo con sus propias lágrimas (para provocarse el llanto, puede cortar una cebolla). Luego envuelva con el pañuelo los siguientes elementos: su anillo de compromiso o alianza matrimonial, un terrón de azúcar, un fósforo y una moneda dorada. Escriba luego el nombre de la ex pareja de su amor en un pequeño papel amarillo, haga una bolita con él, y sumérjalo en un recipiente con medio vaso de vinagre, tres gotas de limón y tres de agua de lavanda. Después de unas seis horas y cuando note que el papel está totalmente desintegrado, tire el contenido del recipiente en el inodoro. Guarde el pañuelo en su cajón de ropa interior durante treinta noches, al cabo de las cuales deberá quemar el terrón de azúcar con el fósforo encendido y luego tirarlos. Coloque la moneda en un alhajero o cajita de madera junto con el pañuelo y los "fantasmas" de amoríos pasados desaparecerán por completo.

A SALVO DE QUIENES DESEAN SU SEPARACION

Si sospecha que alguien desea ver destruida su unión amorosa, recurra a este rito que deberá repetir cada seis meses. Corte una patata cruda y grande por la mitad, y tire una de las partes a la basura. Sobre la cara plana de la otra mitad, clave dos alfileres y derrame sobre cada uno una gota de su perfume. Envuelva la patata en un papel de color rojo y átela fuertemente con una cinta de seda rosada. Déjela una noche debajo de su cama y al día siguiente colóquela en una maceta y cúbrala de tierra. Mientras la entierra repita tres veces: *Nadie destruirá esta pareja. El Supremo nos ha unido, y nuestro amor será fuerte mientras deseemos estar juntos.* Todos los días martes posteriores al rito deberá enterrar un alfiler en la maceta, hasta que lo vea desaparecer bajo la tierra.

LOS SANTOS QUE PROTEGEN LAS UNIONES AMOROSAS

Para invocar el amparo de los santos para las uniones amorosas, debe encender una vela frente a la imagen del mismo, rezar una plegaria solicitando protección o ayuda y ofrendarle unas flores.

SANTO	COLOR DE VELA	PROTECCION
SAN ANTONIO	ROJA	Ayuda a encontrar pareja
SANTA MARTA	BLANCA, ROSA Y CELESTE	Concreta los casamientos
SAN ROQUE	VIOLETA	Impide infidelidades
SANTA ROSA	ROSADA	Armoniza a la pareja
SANTA CATALINA	ROSADA Y CELESTE	Aleja a los amores indeseables
SAN PANCRACIO	ROJA Y VERDE	Auspicia las reconciliaciones
SAN IRINEO	CELESTE Y ROJA	Une a los enamorados que están separados
SAN JORGE	AZUL	Favorece la concepción de los hijos

DINERO

Algunas personas creen que todos nacemos predestinados
a ser ricos o pobres, que los éxitos y los fracasos materiales dependen
del karma que traemos de vidas anteriores. Sin embargo, el destino
no es tan rígido con los seres humanos ya que con una actitud
apropiada, esfuerzo y dedicación, nada resulta imposible, incluso
para las personas que han nacido en una situación desfavorable.
Lo que muchas veces sucede es que nosotros mismos,
inconscientemente, estamos trabando nuestro progreso o, también,
en numerosas ocasiones, los fracasos se deben a la influencia
negativa de una persona que nos intenta perjudicar. Cuando esto
sucede es común que permanentemente nuestros negocios fracasen,
nunca logremos conseguir un buen trabajo, debamos afrontar
siempre gastos inesperados o seamos víctimas de robos y
pérdidas de dinero con excesiva frecuencia. Sea cual sea su caso
particular, los siguientes ritos le permitirán superar los problemas y le
abrirán las puertas del bienestar económico.

FORMULA DE LA PROSPERIDAD HOGAREÑA

Gracias a este ritual usted logrará que el dinero nunca falte en su hogar, pese a los contratiempos que puedan presentarse.

Cuando amanezca, tome una campanita de bronce en su mano derecha y comience a recorrer su casa haciéndola sonar, mientras visualiza mentalmente, uno por uno, a todos los miembros de su familia. Realice el rito lentamente y no olvide ningún rincón del hogar en su recorrido. Luego, encienda un sahumerio de lavanda en cada cuarto y arroje cinco granos de arroz por cada una de las ventanas de la casa.

Al concluir, cuelgue la campanita cerca de la puerta de entrada y repita el ritual el primer día cada mes.

CONSIGA UN PRESTAMO CON FACILIDAD

Cuando necesite conseguir con suma urgencia una importante cantidad de dinero recurra al ritual de los "Doce Apóstoles" y logrará obtener ayuda económica inmediata.

Reúna veinticuatro monedas de poco valor, cada una de ellas debe haber sido recibida de la mano de una persona diferente. Colóquelas en un cenicero de cristal y cúbralas por completo con harina. Durante una noche deje el cenicero bajo su cama. Al cuarto día utilice estos elementos para realizar una masa básica de pan. Colóquela en el horno, y una vez que el pan esté listo, déjelo enfriar y córtelo en doce rebanadas iguales. Envuélvalas en papel celofán de color verde y consérvelas hasta el momento que reciba el dinero deseado. Cuando esto ocurra, rece una plegaria agradeciendo a cada uno de los doce apóstoles de Jesús y entierre el pan al pie de un árbol frutal.

EVITE QUE SE ESFUMEN SUS AHORROS

Con frecuencia los ahorros que con mucho esfuerzo logramos acumular se esfuman de manera misteriosa, ya sea por gastos inesperados, poca previsión o pequeños contratiempos económicos que deben resolverse durante el mes. Para evitar que esto suceda tome una moneda plateada y perfórela en el centro. Luego, atraviese un cordón dorado por el centro de la moneda y colóquela dentro de una caja de madera recubierta con un pliego de papel dorado.

Después, tome una hoja de papel blanco y escriba: *A través de esta moneda, fuente y principio de la riqueza, pasará el dinero. Pasará y quedará. Nunca faltará.* Pegue este papel sobre una pequeña base de madera y colóquelo debajo de una maceta que contenga una planta de muérdago. A continuación, guarde la caja con la moneda en la alacena de su cocina, entre las provisiones.

MULTIPLIQUE SUS RIQUEZAS

Siéntese en el piso, en una habitación tranquila y oscura, en dirección al Norte. Encienda una vela de color verde; ésta será la única iluminación del cuarto mientras realiza el rito. Coloque siete billetes sobre un plato de madera y forme una cruz sobre los billetes utilizando siete hojas de laurel. Arroje unas migas de pan sobre la cruz, luego tome la vela entre sus manos y diga en voz alta, mirando fijamente la llama: *Invoco a la Mano Divina que multiplicó los panes y mitigó el hambre de los hombres para que reproduzca mis ahorros, fruto de mi trabajo y mis esfuerzos.* Apague la vela con los dedos humedecidos en agua bendita y guárdela en su mesa de noche. Repita el rito durante siete noches seguidas, siempre a la misma hora y en el mismo lugar. Es importante que realice el ritual en completo silencio y siempre mirando hacia el Norte. Recuerde que la vela sólo puede ser apagada con agua bendita. Si la sopla, puede provocar el efecto contrario al deseado.

FORMULA MAGICA QUE ATRAE DINERO

Llene un vaso con agua y agréguele una uva. Coloque un billete de poco valor dentro del vaso y déjelo una noche de Luna llena en el marco de su ventana. Durante las tres noches posteriores deberá agregar una cucharada de azúcar al vaso, siempre poco antes de la medianoche. Al cuarto día tome el billete, déjelo secar al sol y luego envuélvalo con un pañuelo. Guárdelo así dentro de una cartera o billetera que ya no use.

Tres veces por año repita el ritual y siempre guarde los billetes juntos, dentro del mismo pañuelo. Las uvas utilizadas deberán ser enterradas en una maceta.

PROTEJA ECONOMICAMENTE A SU FAMILIA

Si usted quiere asegurarse de que ninguno de los miembros de su familia sufra necesidades económicas, recurra a este hechizo de protección. Deberá para ello conseguir billetes y monedas antiguas que ya estén fuera de circulación.

Coloque los billetes sobre un paño grueso de color verde, formando con ellos un cuadrado o un rectángulo. En el centro de la figura formada sitúe las monedas en forma de cruz. Encienda dos velas: una de color verde y otra amarilla, y ubíquelas a los costados de la cruz de monedas. Déjelas quemar durante una hora y luego apáguelas con la yema de sus dedos humedecidos. Repita el rito durante cinco días, encendiendo siempre las mismas velas. Comience un lunes por la noche. Al llegar al viernes tire los restos de vela que hayan quedado, envuelva las monedas y los billetes en el paño verde y guárdelo para siempre en un mueble cercano a la mesa familiar.

CONVIERTA UN BILLETE CAPICUA EN TALISMAN

Preste atención a la numeración de todo billete que llegue a sus manos. Si en algún momento usted posee uno cuya numeración sea capicúa, es decir que los números se puedan leer por igual de derecha a izquierda o a la inversa, la Diosa Fortuna lo habrá tocado con su varita mágica.

Deje este billete guardado tres días y tres noches dentro de un objeto dorado: puede ser una prenda, un pañuelo, una caja o un pliego de papel. Luego, guárdelo en su billetera y no lo gaste por ningún motivo. Pronto comenzará a notar que este talismán mejora su economía. Si en algún momento no le queda más remedio que gastarlo, jamás lo utilice para pagar medicamentos, alimentos o cualquier artículo de primera necesidad. Trate de usarlo para comprar un regalo, una planta, un elemento decorativo o para pagar un viaje. De esta forma, prolongará un tiempo más su efecto mágico.

AYUDE A UN SER QUERIDO EN APUROS

Con este efectivo ritual usted puede ayudar a un ser querido que está pasando por un apuro económico a mejorar su situación. Para realizarlo deberá solicitarle a la persona que necesita ayuda, que cumpla con rigurosidad las indicaciones que usted le hará.

Primero deberá localizar un hormiguero, en un jardín o una plaza, ya que sobre éste realizará la ceremonia consagratoria. Luego, tome dos docenas de nueces con cáscara y colóquelas, una a una, sobre el camino trazado por el recorrido de las hormigas hasta su morada. Cuando termine, pronuncie tres veces el siguiente conjuro: *Así como las hormigas almacenan su comida,* .... *(nombre a quien desea ayudar) cosechará prosperidad y fortuna. Que la pobreza se aleje y el dinero nunca falte.*

Al finalizar, recoja las nueces, diríjase a la casa de esa persona y pídale que las guarde en una canasta y las cubra con un pañuelo verde. Indíquele que todas las noches, antes de acostarse, coma una ñuez. Cuando haya comido todas, usted deberá enterrar las cáscaras cerca del hormiguero y alejarse del lugar sin volver la vista atrás.

INVOCACION DEL EXITO FINANCIERO

Si está a punto de concretar un importante negocio, recurra a este rito, que le garantizará una transacción brillante y conveniente para sus intereses.

Horas antes de salir de su casa, prepare un bouquet aromático compuesto por peperina, menta y romero. Inspire tres veces profundamente para percibir el aroma de esta mezcla, relájese y visualice un halo de luz roja que lo envuelve por completo.

Luego anote en un papel, con tinta de color verde, el nombre de las personas con quienes debe negociar. A continuación escriba: *Invoco el poder de Marte para hacer valer mi talento y mi experiencia, porque confío en la energía que me conduce al triunfo.*

Alejo todas las vibraciones negativas que traben o retrasen mis negociaciones.

Será conveniente que lleve en un bolsillo un coral rojo, una gema granate o un rubí, ya que le ayudarán a elevar la autoestima y a negociar con absoluta firmeza.

SUERTE EN SU NUEVO PROYECTO

Tome una nuez moscada entera y hágale un pequeño agujero desde el extremo del tallo hasta la mitad de la nuez. Coloque en el orificio una gota de mercurio y séllelo herméticamente con cera roja o lacre.

Unte toda la nuez con aceite de sándalo y guárdela en una bolsita de gamuza o de franela de color rojo. Este amuleto no deberá ser usado por otras personas, y lo deberá llevar en una cartera o en un bolsillo cada vez que se dirija a concretar una operación comercial importante. También, lo podrá tener en un cajón de un escritorio en el que guarde documentos importantes y al que sólo usted tenga acceso.

Cada sesenta días aproximadamente, deje durante 24 horas la bolsita cubierta con monedas plateadas y doradas. Esto cargará positivamente el amuleto para que lo vuelva a usar. Pero recuerde que si se rompe o es manipulado por terceros perderá efectividad; en ese caso, confeccione uno nuevo.

VENZA A LA COMPETENCIA

Si a causa de la competencia sus negocios no prosperan, recurra a este ritual que, lejos de traer mala fortuna a sus rivales comerciales, logrará igualdad de oportunidades para ambos.

Visite un día miércoles a un competidor cuyo negocio sea próspero. A ser posible, cómprele algo de mercadería, aunque sea de poco valor. Si esto no es posible, con la excusa de consultar algún precio, pídale una tarjeta en donde figure el nombre y la dirección del local. El fin es que usted se lleve algún objeto que pertenezca a este comercio.

Diríjase inmediatamente a su negocio y cubra el objeto obtenido con alcohol. Déjelo una hora sumergido y luego derrame varias gotas del líquido utilizado en la entrada del local. Comience a recorrer el lugar en el sentido de las agujas del reloj mientras repite: *Baño de prosperidad yo atraigo a los clientes*. De este modo, logrará captar la clientela de sus rivales.

EVITE UN FRACASO COMERCIAL

Con este ritual usted podrá no sólo impedir que su empresa o negocio quiebre, sino que además alcanzará rápidamente el éxito. Preferentemente, realice este rito en un jardín, pero, de no ser posible, utilice una maceta grande.

Un día jueves, por la mañana, tome un puñado de miga de pan en su mano izquierda, y con la mano derecha cave un pozo poco profundo en la tierra. Dirija su vista al cielo e intente mirar fijamente al sol todo el tiempo que le sea posible. Cuando la luz solar lo haya cegado y ya no pueda sostener su mirada, comience a enterrar las migas pronunciando estas palabras mágicas: *El Sol y la Tierra, que poseen la generosidad de ser la fuente inagotable de la vida, harán fecundo este pan que les entrego. Propicien ustedes la prosperidad y la abundancia, alejen de mí la pérdida y la carencia.*

Todos los jueves posteriores riegue la tierra con medio vaso de agua, en el que habrá dejado durante toda una noche varias monedas. Repita el riego durante nueve semanas.

PARA QUE SU SOCIO NO LO ENGAÑE

Este rito es de carácter preventivo y resulta recomendable realizarlo antes de constituir una sociedad.

Dibuje dos círculos sobre una delgada lámina de metal y escriba su nombre completo y el de su socio en cada uno de ellos. Puede utilizar cualquier tipo de punzón para hacerlo. Luego, recorte los dos círculos de la plancha y perfórelos en el centro. Pase por el orificio de ambos tres cintas: una de color rojo, otra blanca y una última amarilla, anúdelas de manera tal que los dos círculos de metal queden bien pegados entre sí y cuidando que los lados en donde están inscritos los nombres queden frente a frente.

Mientras la sociedad siga en pie deberá guardar este amuleto en un lugar secreto (lo ideal es una caja fuerte) y el primer miércoles de cada mes eche una pizca de sal sobre el mismo.

EVITE PERDIDAS DE DINERO

Para evitar que los gastos inesperados o los contratiempos le ocasionen pérdidas de dinero, coloque varias hojas de ruda macho en un frasco, agregue medio vaso de vino blanco y por último tres monedas doradas.

Mientras va incorporando estos elementos, repita en voz alta: *Que nada detenga la entrada del dinero y la fortuna. Que el dinero quede en mi poder, y no en manos de terceros.*

Coloque el frasco en una caja fuerte o cerca de algún lugar donde guarde dinero. Una vez por semana renueve el vino y reitere el conjuro. Al cabo de sesenta días ya no lo necesitará. Repítalo pasado un año.

DECORACION MAGICA PARA ATRAER CLIENTES

Es muy importante que usted sepa ambientar su negocio mágicamente, ya que la decoración funciona como una especie de cábala y puede ayudarlo a aumentar sus ventas.

En primer lugar, coloque campanitas de cerámica o de bronce cerca de la puerta de entrada. La caja registradora precisa estar ubicada frente a la entrada del negocio y en ella deberá, siempre, guardar una ramita de manzano o de encina y una nuez moscada. Disponga pequeños adornos de color rojo, distribuidos en las paredes o sobre los mostradores; también disperse varios imanes de diferentes tamaños y formatos en rincones no demasiado visibles. Coloque una o varias plantas de ruda macho y de romero. Una vez por semana encienda tres sahumerios: uno de ámbar, otro de lavanda y un tercero de violetas; mientras éstos se consumen acomode su local tratando de cambiar de lugar algunos objetos y así renovar la energía estancada. Todos los miércoles, solicítele a Mercurio, protector de los comerciantes, que atraiga a los clientes hacia su comercio y encienda una vela amarilla en su honor.

RECETA DE LA FORTUNA

Esta loción mágica atrae la buena fortuna. Una vez elaborada, usted puede colocarla en un rociador con el que vaporizar el ambiente, o agregarla al agua que use para limpiar los pisos y los mostradores de su negocio o de su oficina.

Mezcle 32 cucharadas de alcohol fino con veinte gotas de agua de rosas y diez de aceite de lavanda o de pino. Agregue unos pétalos de jazmín y el preparado ya estará listo.

Antes de usarlo, agítelo varias veces y repita mentalmente:

Invoco el poder de Júpiter que atrae la buena fortuna y el éxito, para que inunde de prosperidad y abundancia mi negocio con esta fórmula mágica.
Realice este rito, en lo posible, todos los días jueves antes de cerrar su local.

MULTIPLIQUE SUS VENTAS

Prepare este polvo mágico mezclando los siguientes elementos: una cucharada de cebolla en polvo deshidratada, una cucharada de canela, otra de cáscara rallada de limón, una pizca de sal, tres hojas de menta molida y un poquito de levadura de cerveza en polvo.
Todos los miércoles por la mañana esparza un poco de este preparado en la entrada de su comercio y en algún rincón de la vidriera. También guarde un poquito en un pequeño estuche para colocarlo dentro de la caja registradora.

INVERSIONES SIN NINGUN RIESGO

Si está por efectuar una inversión, aleje todo riesgo que pueda amenazarlo llevando a cabo el siguiente ritual. Consiga una tela de color amarillo dorado y envuelva con ella siete higos secos. Luego, escoja el lugar más silencioso de la casa, y deje un espacio libre de muebles; forme en el piso un círculo con siete velas y coloque en el centro los higos envueltos. Encienda un sahumerio de mirra y mientras se consume repita: *El dinero invertido está siendo velado. No desaparecerá en manos ajenas, ni será devorado por el infortunio ni la desgracia.*
Coloque, una vez consumido el incienso, las cenizas resultantes sobre la tela dorada. Encienda la primera vela, tome uno de los

higos y cómalo lentamente.

Deberá repetir este rito durante una semana, encendiendo cada vez una vela distinta y comiendo uno de los higos. Comience a realizar este ritual una noche en que la Luna se encuentre en Cuarto creciente.

CANCELE DEUDAS ATRASADAS

Tome una bolsa de algodón de color verde e introduzca dentro de la misma todas las facturas que adeuda y desea pagar. Anude con fuerza la bolsa y colóquela sobre una mesa de madera. Luego, encienda tres velas: una verde, una amarilla y una tercera azul; déjelas consumir alrededor de la bolsa verde y momentos antes que se consuma repita tres veces: *Santa Bárbara, ayúdame a saldar mis cuentas. No permitas que en mi hogar la carencia y la miseria tengan lugar.* Realice este ritual el último domingo de cada mes a la hora del crepúsculo. Cuando sus deudas estén saldadas, ofrézcale una docena de flores blancas a Santa Bárbara y todas las semanas encienda una vela verde en su honor.

PARA DEVOLVER UN PRESTAMO

Tome un trozo de madera y grabe en él (con números y no con letras) la cantidad total de dinero que usted debe. Tome una vasija de cobre y encienda dentro de la misma nueve trozos de carbón. Coloque en ella el trozo de madera. Tome un puñado de sal con su mano izquierda y arrójelo lentamente sobre las brasas, describiendo sobre la vasija pequeños círculos concéntricos.

Pasados veinte minutos arroje dentro de la vasija tres vasos de agua repitiendo mentalmente: *Saldaré tan pronto mi deuda, así como rápidamente el agua apagará este fuego.*

Para reforzar el hechizo, es conveniente guardar una moneda dorada en el bolsillo de alguna prenda que pertenezca a la persona que le ha prestado el dinero, sin que ella se dé cuenta.

PRESTE DINERO SIN TEMOR A SER ESTAFADO

Si usted está por efectuar un préstamo, pero teme no recuperar el dinero facilitado, efectúe este ritual y de este modo la cantidad completa le será reintegrada en el momento pactado. El mismo día en que usted entregue el dinero que le han solicitado, pídale a la persona que lo recibe que le preste algún objeto que le pertenezca. (No importa el tamaño ni el valor de lo que le preste, puede ser una herramienta, una prenda, etc.).

Esa misma noche envuelva el objeto prestado con una tela blanca, a la que le habrá pinchado previamente siete alfileres, formando con ellos una cruz.

Coloque en una bolsita un puñado de sal, una moneda y un pañuelo anudado, y déjelo dentro del envoltorio de tela. Guarde esto en un lugar secreto, y manténgalo así hasta que le paguen la deuda.

COBRE UNA VIEJA DEUDA

Si necesita recuperar una suma de dinero que ya da por perdida, no se rinda sin antes intentar este rito.

Escriba el nombre de la persona que le debe el dinero siete veces, en columna, en el margen izquierdo de un papel de color verde. En el centro del papel anote con números grandes la cantidad de dinero que le debe. Derrame una gota de miel y una pizca de pimienta sobre los números, doble el papel en cuatro e introdúzcalo dentro de una alcancía llena de monedas. Repita este rito siete noches más y finalícelo guardando el papel

utilizado en la alcancía. La última vez que lo haga, mientras derrama la miel repita: *Que regrese el dinero a su dueño o que con él se paguen sólo deudas y estafas. Que el dinero vuelva a mis manos, porque en otras será malgastado.*
Luego doble el papel, tírelo dentro de la alcancía y entiérrela hasta cobrar la deuda.

CONSEJOS DE LAS HECHICERAS PARA ATRAER ABUNDANCIA

• Recuerde que apoyar la cartera o la billetera sobre el piso induce a malgastar el dinero.
• Colocar un billete enrollado dentro del pliegue de la trompa de un elefante de porcelana, atrae dinero. Sitúelo sobre un mueble o una repisa, de espaldas a la puerta de entrada de la casa.
• El agua derrochada diluye los ahorros. Es conveniente arreglar todas las canillas que gotean en su hogar.
• Encontrar un paraguas roto es señal de que se cobrará una suma de dinero inesperada.
• Guardar unos granos de arroz y una cucharada de harina dentro de una bolsita y colocarla debajo del colchón, atrae abundancia material.
• Tener una hojitas de la planta del dinero guardadas en una cartera en desuso, ayuda a ahorrar dinero.
• Colocar un billete doblado debajo del plato, en la cena de Año Nuevo, asegura un comienzo sin dificultades económicas.

SALUD

*Curar las enfermedades,
aliviar el dolor y lograr el bienestar
físico son, desde tiempos remotos,
los principales objetivos de la medicina natural.
En las próximas páginas, usted encontrará
una recopilación de las recetas más efectivas utilizadas
por los hechiceros de todo
el mundo y diversos rituales para mejorar sus
problemas orgánicos.*

DISTINGA UNA ENFERMEDAD
DE UN TRABAJO DE BRUJERIA

Las afecciones provocadas por un trabajo de magia negra suelen caracterizarse por atacar más el campo psíquico de las personas que su salud física. De todos modos, en ocasiones los embrujados reaccionan con fiebre repentina o extrañas erupciones que no tienen explicación médica. Junto a estos síntomas físicos son habituales las rachas de mala suerte, peleas y discusiones con los seres queridos sin una causa concreta que justifique el mal humor. Si sospecha que está afectado por un "trabajo", cuelgue cintas rojas en las puerta de calle, sahúme los cuartos de su casa y visualice todas las noches un círculo de luz violeta que lo rodea y lo protege de las energías maléficas.

COMO PEDIR POR LA SALUD

Las oraciones curativas se potencian cuando las practicamos el día adecuado y con el color de vestimenta apropiado, ya que de este modo sumamos al poder de las palabras, la energía astral.

Afección	Color	Día
Vías respiratorias	Ocre	Miércoles
Intestino	Amarillo o marrón	Miércoles
Piel	Amarillo solar	Domingo
Circulación y corazón	Rojo	Martes
Cirugías	Rojo y verde	Martes y viernes

Afección	Color	Día
Genitales femeninos	Blanco y rosa	Lunes
Genitales masculinos	Púrpura y naranja	Martes
Problemas de vista	Azul pálido y verde marino	Sábados y martes
Afecciones nerviosas	Amarillo y azul	Jueves
Afecciones óseas	Verde esmeralda	Viernes y domingo

PIEDRAS QUE SANAN

Los minerales pueden ayudarnos a recuperar la salud, siempre que acompañemos el uso de las gemas con un tratamiento médico adecuado. Para utilizarlas es preciso tenerlas cerca del cuerpo, lavarlas diariamente y dejarlas secar al sol para energizarlas.

En esta lista encontrará la piedra adecuada para cada caso.

AGATA	Fortalece el sistema inmunológico
CORAL	Mejora el funcionamiento de la vejiga y de los intestinos
CRISTAL DE ROCA	Corrige desequilibrios orgánicos
JADE	Fortalece rodillas y esqueleto Actúa sobre el duodeno
RUBI	Fortalece el corazón. Mejora la presión sanguínea

ESMERALDA	Actúa sobre la columna vertebral
ZAFIRO	Optimiza la circulación. Regula la glándula pituitaria
AGUAMARINA	Actúa sobre los riñones y la glándula pineal.

JARABE PARA LA TOS

Este jarabe natural es muy efectivo para calmar de inmediato la tos. Corte una cebolla cruda en rodajas muy finas, hiérvala con media taza de agua, agréguele una cucharada de miel y un poco de jugo de limón. Deje todo reposando unas cuatro horas. Antes de utilizarlo, repita tres veces mirando hacia arriba y tomando entre sus manos el jarrito que contiene la infusión:
San Blas te pido que me alivies de este mal.
Luego puede tomar el líquido tantas veces al día como desee.

CONTRA LOS RESFRIADOS

Para combatir los resfriados nada mejor que utilizar hierbas descongestivas.
Prepare una infusión curativa colocando veinte gramos de salvia, manzanilla y jengibre en un litro de agua. Humedezca primero las hierbas con agua fría. Luego, ponga el agua a hervir y cuando esté lista, échela sobre las hierbas. Nunca se debe hervir todo junto. Debe dejar reposar la infusión hasta que tome suficiente color.
Para preparar inhalantes, debe colocar en una cazuela de boca ancha medio litro de agua y aceite de eucalipto. Cuando el agua haya hervido, sáquela del fuego, colóquese una toalla en la

cabeza para concentrar el vapor y comience a respirar profundamente.

Además, colocar un ajo debajo de la cama envuelto en una prenda o un pañuelo amarillo, lo ayudará a ahuyentar el resfriado.

APRENDA A CURAR EL EMPACHO

Este ritual le servirá para curar a una persona que está empachada. No es posible sanarse uno mismo. Necesitará una cinta roja de dos metros de largo. Pídale al afectado que sostenga un extremo de la cinta, mientras usted sostiene el otro, dejando la cinta extendida. Marque en la cinta tres medidas del largo de su antebrazo, una a continuación de la otra. Al llegar a la última medición, tome como referencia el punto de la medida final, colocándolo sobre el estómago de la persona afectada, que ahora deberá sostener la cinta sobre el abdomen en el punto indicado.

Vuelva a tomar el extremo de la cinta, haga tres veces la señal de la cruz y repita tres veces más la operación de marcar tres veces la medida del antebrazo. Si al llegar al estómago de la persona descompuesta, su mano sobrepasa la medida de la cinta, es decir que llega a tocar el cuerpo del paciente por encima del estómago, es que realmente se trata de un caso de empacho. Si es así, deberá repetir la operación tres días seguidos. En las últimas curaciones notará que su mano coincide con el final de la cinta y entonces llegará el alivio para el enfermo.

OLVIDE EL DOLOR

Este ritual lo ayudará a aliviar los dolores de cualquier origen, pero recuerde que la desaparición de los síntomas no significa la ausencia de la afección. De todas formas, mientras detecta las verdaderas causas de las molestias y comienza con el tratamiento adecuado, podrá anular toda sensación física desagradable.

Párese frente a una puerta de tres hojas y pisando una ramita de sauce o de olivo repita nueve veces con convicción: *Esta puerta tiene tres tablas y el dolor ninguna. Tiene tres clavos y dolor ninguno. Así estaré yo disfrutando de la buena salud que me otorga el Supremo. San Cosme te pido que alejes el dolor de mi cuerpo, así como yo alejo de mi mente los malos pensamientos.*

Luego lave la zona afectada con una infusión de malva o directamente prepare un baño con una buena cantidad de la misma.

PARA CURAR LA GOTA

Lo más recomendable cuando se presenta un caso de gota es tomar en ayunas todos los días un té de cebada y suprimir de la alimentación cotidiana las carnes rojas. Si está sufriendo una crisis de dolor a causa de esta afección, en primer lugar friccione la zona afectada varios minutos con una mezcla de alcohol y alcanfor; luego, protéjala con un algodón.

Tome un purgante de aceite de ricino y, pasadas por lo menos diez horas, ingiera tanta leche como le sea posible, a toda hora del día. Es importante que detecte que la ingestión de leche no le produce desarreglos intestinales; si así fuera, no tome más de un vaso por día.

Cuando sienta que el dolor o la hinchazón ya han cedido, deje pasar una semana y aplique sobre la zona compresas de hojas de tabaco. Mientras las compresas actúan sobre su piel, repita en voz alta:

Quiero librarme de este mal que se acumula dentro de mi organismo. Lo sacaré hacia afuera y nunca más me volverá a molestar.

Será conveniente que se vista con colores curativos como el azul marino o el violeta; y cerca de su cama deje un vaso lleno de agua con un puñadito de sal gruesa. Renuévelo todas las noches antes de acostarse.

COMBATA LAS AFECCIONES DEL HÍGADO

Este secreto no es para aliviarse de su afección hepática, pero le ayudará a que una vez curado no se vuelvan a repetir las molestias que afectan a ese órgano. Durante tres meses evite ingerir toda comida que contenga el hígado de cualquier animal. También, absténgase de comer huevos y otras vísceras. Pasado este lapso de tiempo, tome un lienzo de color blanco y envuelva en su interior un hígado de gallina, otro de vaca, un huevo duro y nueve granos de pimienta. Ate el paquete con una cinta verde, otra azul y entiérrelos en un pozo.

CALME SUS DOLORES DE CABEZA

Una receta muy eficaz para calmar el dolor de cabeza consiste en colocar unas rodajas de patata cruda sobre sus sienes. Cada vez que éstas absorban su calor corporal, tírelas y cámbielas por otras frescas. Otra manera es hacer una pasta de ajo y masajear la frente en redondo, en el sentido de las agujas del reloj.

Si coloca tres hojas del árbol de mamón sobre su cabeza y repite: *Jesús, quítame esta jaqueca que me persigue noche y día. Só-*

lo quiero pedirte que me alivies y recuperes mi armonía, el alivio no tardará en llegar.

Y por último, si es común que amanezca con dolores de cabeza, duerma con una ramita de ruda detrás de las orejas, otra debajo de la almohada y una tercera bajo el colchón.

PARA DETENER UNA HEMORRAGIA NASAL

En primer término, deberá colocar a la persona afectada de espaldas, con la cabeza inclinada hacia abajo. Dibuje una cruz con aceite en su frente y repita dos veces: *La sangre de ....* (nombre del afectado) *no se deberá perder. Supremo, que esta cruz detenga el caudal de la sangre que se va y lo haga volver a su lugar. Amén.*

Para que la hemorragia no debilite a la persona, deberá llevar entre la ropa, en algún bolsillo, algunas gemas benéficas como el granate, el rubí o la hematite. También deberá dormir cerca de estas piedras para que no se repita la pérdida de sangre.

UNA FORMULA QUE COMBATE LA IMPOTENCIA

Cuando un bloqueo energético o un cuadro de agotamiento crónico perturba la potencia sexual masculina y no existen otras causas físicas para que esto suceda, se puede recurrir a este sencillo rito.

Se deberá exprimir una docena de limones, sin agregarles agua ni otro elemento y frotar el abdomen en el sentido de las agujas del reloj durante por lo menos diez minutos. También puede ser beneficioso que mientras el hombre se relaja, sea la mujer quien le haga este masaje. Comience un día viernes después de las seis de la tarde y repita el rito todos los días hasta que se produzcan los resultados esperados.

BRINDE SU AYUDA A UN TARTAMUDO

Generalmente, las dificultades en el habla son producto de una conflicto emocional no resuelto o de una profunda inseguridad. Para ayudar a otro a superar este obstáculo, escriba tres veces su nombre en un papel blanco, derrame tres gotitas de leche sobre el papel y, antes de arrojarlo al mar o al río, repita dos veces en voz alta: *Tartamudez que traes tristeza, te envío al fondo del mar; vete con la corriente para nunca más regresar.* Luego arroje el papel al agua de inmediato y pronuncie una oración de agradecimiento al Supremo. El rito tendrá más efecto si lo practica un día miércoles.

BRAZALETES CURATIVOS

Para confeccionar un brazalete curativo, simplemente deberá contar con una pulsera de cobre o de cuero, a la que recubrirá completamente con una cinta de color. La cinta puede ser de seda o de raso, y el color lo elegirá de acuerdo con la afección que desea curar. Una vez confeccionado, déjelo tres horas cubierto con sal gruesa y hojas de ruda o muérdago. Luego, sacúdalo y colóquelo en su brazo izquierdo, dejándolo así todo el día; si esto no es posible, úselo durante las horas de sueño.
La energía de los colores aporta un elemento curativo que lo ayudará a su recuperación integral.

ROSADO   Falta de energía,
                                problemas de bazo

ROJO   Dificultades sexuales, problemas
                              de columna y de riñón

AMARILLO	Deficiencias de hígado, estómago. Dolores abdominales
VERDE	Insuficiencias cardíacas
AZUL Y CELESTE	Problemas de garganta y tiroides
VIOLETA OSCURO	Jaquecas y mareos

CURE PARA SIEMPRE EL ASMA

Lo ideal es realizar este ritual en la noche de San Juan, es decir un 24 de junio. Si desea hacerlo antes de este día, luego lo deberá repetir en la fecha indicada para asegurar los resultados.

La noche anterior a realizar el rito coloque una cebolla pelada en un recipiente hondo y cúbrala con miel de abejas. A las doce de la noche recite la siguiente oración: *San Juan te pido que el aire que respiro circule por mi cuerpo sin trabas ni asfixia. Libérame de este mal para siempre y concédeme la curación definitiva. Amén.*

A la mañana siguiente retire la cebolla y tírela a la basura. La miel sobrante guárdela en un frasco de vidrio, y tome una cucharada sopera de la misma todas las mañanas hasta terminarla.

Para profundizar el efecto curativo, todas las noches antes de acostarse, ponga a hervir una cazuela con agua y agréguele un puñado de tomillo. Después de que se produzca el primer hervor, ponga el fuego al mínimo y aspire profundamente el vapor, acercando su rostro a la cazuela. También puede agregar tomillo a su baño. Al menos una vez al día repita la oración a San Juan y los resultados serán sorprendentes.

INFUSION CONTRA EL DOLOR ESTOMACAL

Cuando le duela el estómago, prepare una infusión de verbena, utilizando una cucharadita de hojas por cada medio litro de agua. Antes de tomarla, acuéstese en su cama, relájese y masajee unos minutos la zona dolorida diciendo: *San Onofre alíviame de este dolor.*
Luego beba la infusión, pero recuerde que es conveniente no tomar más de dos tazas por día.

CATAPLASMA PARA LOS DOLORES LUMBARES

Ponga a calentar en medio litro de agua seis cucharadas de salvado, dos hojas de repollo y dos cebollas bien picadas. Después de que rompa el hervor, deje que todo se cocine durante diez minutos. Deje que se refresque y envuelva esta preparación en un paño de algodón o gasa de aproximadamente treinta centímetros de ancho y aplíquela sobre la zona afectada. Luego, tome un diente de ajo con su mano derecha, y diga: *Santa Catalina alivia este lumbago. Prometo serte fiel en todo lo que digo y lo que hago.* Cuando sienta que la cataplasma se enfría, tire el diente de ajo, y durante tres noches encienda una vela frente a la imagen de Santa Catalina, rezando una plegaria de agradecimiento. Repita este procedimiento tantas veces como sea necesario.

COMBATA EL DOLOR DE OIDOS

Los dolores fuertes de oídos suelen provocar a su vez jaquecas y malhumor. Para contrarrestar este efecto, mezcle media taza de tisana de jengibre con una cantidad un poco menor de aceite de sésamo. Coloque tres gotas de esta mezcla en un algodón y presione sobre el oído dolorido, manteniendo su cabeza inclinada en forma tal que el líquido comience a penetrar. Cuando esto suceda, comience a decir en voz baja: *Santa Cecilia, patrona de la música, alivia mis oídos del dolor y a mí de la tristeza*. Repita esto dos veces al día, y consulte rápidamente con el médico, ya que el origen del dolor de oídos y la sordera suelen ser producto de un mal funcionamiento del riñón.

MEJORE SU VISTA

Cualquiera que sea su dificultad en la visión, debe realizar el siguiente ritual. Consiga siete velos de gasa (o de alguna tela similar). Cada uno de ellos deberá tener un color del arco iris. Déjelos siete horas expuestos a la luz del sol y luego cósalos de tal forma que queden todos unidos entre sí, por uno de sus extremos. Todas las mañanas al levantarse, encienda una vela, mire fijamente durante diez minutos su llama, luego tome el manojo de velos y diga en voz alta: *El poder de este color me sanará, porque guarda la energía del Sol, fuente de vida y salud*. Repita la oración siete veces; haga cada repetición sosteniendo y mirando fijamente cada uno de los velos.

CALMANTE PARA INFLAMACION DE GARGANTA

Si su dolor de garganta es producto de una inflamación o del exceso de tabaco, prepare una infusión con hojas de llantén y beba tres tazas al día. Pero para que el efecto calmante sea completo, después de tomar la primera taza, fabrique con un pequeño trozo de tela (de algodón o similar, no sintética) una bolsita, y coloque dentro de la misma una buena cantidad de jengibre y átelo de forma tal que el contenido no se derrame. Ponga la bolsita en una cazuela con agua hirviendo, espere a que la bolsita se caliente y, entonces, sáquela de la cazuela, elimine el excedente de agua, y luego aplíquela sobre la garganta, tan caliente como la pueda soportar. Déjela actuar hasta que se enfríe. Envuelvase el cuello con un pañuelo de color rojo, y vuelva a tomar otra tacita de té de llantén.

FRENE LA PIORREA

Esta enfermedad es causada por el estancamiento de sangre, en especial en las encías. Para este rito necesitará un mechón de cabellos propios. Introduzca el mechón en una lata, séllela herméticamente y colóquela en el fuego. Al no tener aire, el cabello se carbonizará, convirtiéndose en polvo. Guárdelo para el momento en que sufra una hemorragia. Cuando esto suceda, mezcle el polvo con agua y beba diez sorbitos. La hemorragia se detendrá de inmediato. También es eficaz para las hemorragias nasales.

PARA MITIGAR EL DOLOR DE UNA HERIDA

Este rito puede usarse para aliviarse uno mismo o calmar a otra persona que esté dolorida. Haga la señal de la cruz sobre la herida, y recite la siguiente plegaria: *Jesús tuvo numerosas heridas, más todas ellas sanaron. Las cinco heridas sagradas no se ulceraron. De ellas fluye sangre y agua. Santo es el hombre que puede aliviar el dolor de estas heridas. Ruego que se sanen y no se repitan nunca más en la vida. Amén.*
Luego cubra sus manos con una tela de color rojo y repita la oración una vez más.

ORACION ALIVIA - QUEMADURA

Cubra con su mano derecha la zona de la piel afectada por la quemadura, y recite esta oración en voz alta: *Fuego de Dios, pierde tu calor como Judas perdió su calor cuando traicionó a nuestro Señor en el Huerto de los Olivos. Te pido que me entregues el alivio de la lluvia curativa que apaga los incendios en los bosques.*

Repítala tres veces, encienda tres velas blancas, y luego tome un cubito de hielo y comience a pasarlo por la llama de las velas, hasta que éstas se apaguen con el agua que desprende el hielo. Reitere la oración cada tres horas, imaginando una luminosidad fría que cubre la zona afectada, aliviándola del ardor.

PLATA SOBRE LA PIEL IRRITADA

Los objetos de plata son sumamente efectivos para aliviar las irritaciones de la piel. Usted puede utilizar monedas antiguas o cualquier otro objeto de superficie plana, siempre que sea de plata. Simplemente déjelo toda una noche expuesto a la luz de la luna y al día siguiente colóquelo sobre la zona afectada durante siete minutos mientras repite: *Que la fuerza del metal arrastre de mi piel todo el mal. Invoco al poder de la Luna para que me alivie, me cure y me ilumine.* Luego vuelque varias gotas de tinta roja en un trozo de cartón, y encima derrame dos gotas de lavanda; déjelo secar al sol dos horas y luego tírelo.

Este rito dará mejor resultado si se realiza una vez por día, comenzando un lunes, hasta que desaparezca la irritación.

MUSCULOS FIRMES

Para tonificar sus músculos tome una piedra de cristal de cuarzo y sumérjala en un frasco repleto con agua. Agregue unas hojas de muérdago, tape el frasco, envuélvalo en un pliego de papel de arroz y déjelo reposar durante toda una noche. Agregue el agua energizada a su baño y permanezca dentro de la bañera durante veinte minutos. Repita este baño todos los martes por la noche, antes de acostarse.

LOGRE UN DESCANSO PERFECTO

Si con frecuencia se levanta fatigado a pesar de haber dormido una suficiente cantidad de horas o suele despertarse sobresaltado en la noche, recurra a este rito que le ayudará a conseguir un descanso perfecto.

Antes de acostarse, frote primero sus pies y luego sus manos con aceite de almendras. Mientras va pasando el fluido por sus manos, repita tres veces: *"Que el aceite me libere de la energía negativa que no me permite descansar. Angel de la Guarda, protege y dulcifica mis sueños"*. Para intensificar los resultados, encienda previamente un sahumerio de lavanda en su dormitorio y coloque un pañuelo violeta debajo de su almohada.

CONTRA LAS PESADILLAS

El mejor método para combatir las pesadillas consiste en echar un puñado de hojas de valeriana en un litro de agua y antes del hervor agregarle pétalos de flores de amapola. Deje hervir unos minutos, cuele la infusión y estará lista para beber. Tome dos tacitas diarias, pero nunca después de las comidas: lo ideal es una a media tarde y la otra a media mañana. Antes de dormir frótese con un pañuelo blanco la frente y los labios, mientras visualiza una luz que arrastra todos los malos pensamientos y la energía negativa fuera de su cuerpo y de su mente. Coloque, además, una ramita de cedro bajo su almohada.

PARA EVITAR LA RETENCION DE LIQUIDOS

La retención de líquidos suele provocar obesidad, inflamación y otros trastornos. Para combatir esta disfunción prepare un té con alguno de estos elementos a su elección: barba de maíz, hojas de abedul o semillas de apio. Tome una taza en ayunas y otra más, una hora después del almuerzo. Inmediatamente después de ingerir la infusión, abra un grifo, y durante tres minutos observe fijamente el agua que corre, mientras repite: *Limpiaré de mi cuerpo todas las toxinas acumuladas*. Repita el ritual una semana seguida, comenzando un jueves. Elimine de su dieta el consumo excesivo de sal y carnes rojas, además agregue a la misma una buena cantidad de espárragos, ya que tienen un efecto estimulante sobre los riñones y la vejiga.

RITO ANTI PARASITOS

Este rito mágico combate los parásitos de los niños y los bebés. Moje su dedo índice de la mano derecha en aceite de oliva, y trace una cruz sobre el estómago del niño. Luego, pasando su mano suavemente por su frente diga en voz alta: *Lunes Santo. Martes Santo. Miércoles Santo. Jueves Santo. Viernes de Pasión. Sábado de Resurrección. Domingo de Pascua, ¡Lombrices afuera que yo no te vea!*
Luego repita la oración, pero leyéndola de abajo hacia arriba, es decir comenzando por la última frase hasta llegar a la inicial. Marque nuevamente una cruz en la barriguita del niño y repita nuevamente la oración. Antes de comenzar, vístase con alguna prenda de color rojo.

FORMULA MAGICA PARA ENERGIZARSE

El agotamiento físico y psíquico producido por el exceso de

trabajo, las tensiones y la falta de tiempo libre, producen un "vaciamiento energético". Esto se traduce en una sensación de cansancio permanente y falta de voluntad para dedicarnos a aquellas cosas que nos dan placer y nos reconfortan. Esta fórmula mágica lo ayudará a reponerse energéticamente y recuperar la vitalidad perdida.

Prepare una infusión con media cucharadita de jengibre, una pizca de canela, romero rallado, dos hojas de ruda y unas cuantas raíces de ginseng. Hierva todo durante tres minutos y luego déjelo reposar durante una hora. Cuele la preparación y guarde el líquido en una botella de vidrio. Envuelva la botella con un papel celofán de color amarillo y expóngalo durante siete noches a la luz de la luna. Durante las horas de sol guárdelo en un lugar fresco y oscuro. Pasado el tiempo señalado, tome tres gotas diarias por la mañana, después del desayuno. Los resultados son inmediatos.

FORMULA DE LA FERTILIDAD

Este ritual debe practicarse en pareja, comenzando un día jueves. El esposo será el encargado de recoger directamente del gallinero el huevo más blanco que haya puesto una gallina del mismo color. También tendrá la misión de separar la yema de la clara, y volcar esta última en un vaso de cristal con agua. Mientras lo hace, la mujer beberá una tisana de artemisa y se dará un baño al que agregará pétalos de flores blancas y hojas de salvia.

A la mañana siguiente, a ser posible en las primeras horas de sol, la esposa deberá beber en ayunas el contenido del vaso, mientras el varón masajea su abdomen con algún objeto de oro (puede ser una pulsera, un anillo, etc.). Inmediatamente después, encenderán un sahumerio de rosas y tendrán relaciones sexuales. Este ritual de concepción es más efectivo aún si se coloca debajo del colchón una ramita de cedro.

PREVENGA TUMORES

Desde la antigüedad se conocen las propiedades mágicas de la raíz de jacinto para prevenir formaciones tumorales, si se las usa correctamente. Este ritual preventivo lo deberá practicar durante tres meses, todos los años, para mantener el efecto.

Hierva una buena cantidad de raíz de jacinto en tres tazas de agua. Déjela reposar unos minutos. Mientras tanto, amase tres bolitas muy compactas de harina humedecida con agua.

Usted tomará tres tazas diarias de la infusión, pero antes de cada ingestión cortará en pequeñísimos trocitos cada bolita de harina con una tijera o un cuchillo.

Después de beber la infusión tire a la basura los restos de la harina. Repita el rito nueve días seguidos, descanse tres, y vuelva a comenzar. Siga realizándolo con esta frecuencia durante tres meses. En lo posible elija todos los años los meses de otoño para comenzarlo.

PARA LA DEPRESION DE UN ENFERMO

La depresión de las personas que se encuentran enfermas atenta contra la pronta recuperación física de las mismas. Una forma de tranquilizar y reanimar a un convaleciente es recurrir al agua de rosas. Para obtenerla, deberá echar dos puñados de pétalos de rosas blancas en medio litro de agua hirviendo. Cuando se refresque, humedezca un algodón en el agua de rosas y páselo suavemente por el cuello, las muñecas, la espalda, los pies y la frente del enfermo. También rocíe con unas gotas de este líquido las sábanas y las paredes de la habitación donde el enfermo reposa. Además será conveniente que todas las noches deje un vaso con agua fría cerca de su lecho, para que absorba las energías negativas.

COMO AYUDAR A UN ALCOHOLICO

Si su intención es ayudar a un familiar o amigo que no puede abandonar su adicción a las bebidas alcohólicas, deberá recurrir a este ritual, concentrándose profundamente en ese ser querido que está enfermo.

Llene la mitad de una botella con vinagre de manzana y complétela con la bebida que consume en forma habitual el bebedor. Mientras lo hace, diga la siguiente oración: *Que esta bebida se le vuelva agria y amarga en la boca y que su estómago no la soporte.* Cierre la botella, y séllela con una cinta adhesiva. Luego repita siete veces mientras sacude la botella: *Mientras esta botella permanezca cerrada, ... (nombre del afectado) no volverá a tomar una sola gota de alcohol.*

Luego humedezca la botella con varias gotas de leche y guárdela en un lugar secreto. Cada tres meses repita el hechizo, después de echar la botella que usó en el rito anterior a las aguas de un río.

GUIA DE VEGETALES MAGICOS PARA LA SALUD

Las propiedades mágicas de las hierbas y de ciertos alimentos han sido desde siempre utilizadas en la curación de enfermedades. Conociendo las facultades de estos elementos, usted mismo podrá contar con un verdadero arsenal curativo para afrontar los problemas de salud que pudieran presentarse.

AJENJO: Alivia la fiebre y combate los parásitos intestinales.

AJO: Tiene infinitas propiedades curativas. Consumido en ayunas, purifica la sangre. Incorporándolo a la dieta, regulariza la menstruación, es expectorante y antirreumático. Además, protege contra el mal de ojo.

ALCAUCIL: Tiene poderes afrodisíacos.

ALOE: Para uso externo, combate todas la afecciones de la piel. Si se consume su extracto, cicatriza las úlceras.

ANIS: Poderoso diurético. Puede calmar los cólicos de los bebes si la madre bebe una infusión de anís antes de amamantarlo.

ARNICA: La tintura extraída de esta planta y aplicada sobre la piel, alivia los dolores provocados por los golpes.

ARTEMISA: Recomendable para quienes sufren de anemia. También para los trastornos femeninos como menstruación, esterilidad y dolores preparto.

CEBOLLA: Diurética; expectorante; el té de cebolla cura los resfriados.

CILANTRO: Como condimento es un poderoso afrodisíaco. Su infusión regula los trastornos gástricos

CLAVO DE OLOR: Su infusión funciona cómo tónico cardíaco y calma el dolor de muelas.

DATILES: La infusión de este fruto sirve para aliviar las inflamaciones internas.

DIENTE DE LEON: Combate la fiebre, calma la tos y alivia las irritaciones del pecho.

ENEBRO: La infusión es buena para combatir el asma y la bronquitis. La esencia alivia el reumatismo crónico.

HELECHO MACHO: Reducido a polvo e ingerido después de un laxante ayuda a expulsar la lombriz solitaria.

HIGOS: Los higos secos curan las llagas de la boca, aplicados sobre la zona afectada.

HINOJO: La infusión tiene propiedades diuréticas y estimula el apetito.

LAUREL: Alivia trastornos estomacales y facilita la digestión.

LUPULO: Efectivo sedante, ayuda a conciliar el sueño. La infusión alivia los dolores de estómago y de úlcera.

LLANTEN: La infusión alivia los dolores de garganta, y aplicada sobre los párpados, alivia el cansancio de la vista.

MANZANILLA: Las flores alivian espasmos y suavizan estados de irritabilidad. La infusión es sedante y digestiva.

MELISA: Alivia las jaquecas y está indicada para toda clase de enfermedades psicosomáticas.

MUERDAGO: La infusión de muérdago controla las enfermedades nerviosas. También, estimula la fertilidad de la mujer.

NOGAL: La infusión de sus hojas combate la ictericia y los abscesos que supuran.

ROSAS: La infusión de sus pétalos estimula la concepción y, aplicada sobre el cuero cabelludo, detiene la caída del cabello.

SAUCO: El té de flores provoca la sudoración y calma las anginas y la bronquitis. La corteza es diurética y laxante.

SESAMO: Las semillas aumentan la producción de leche materna.

TRIGO: Las espigas tostadas curan el dolor de muelas y los abscesos. Una cucharada de harina en medio vaso de agua detiene la diarrea.

VALERIANA: Combate el insomnio, las palpitaciones y el vértigo. Se utiliza para la diabetes de origen nervioso y las neurosis.

ZANAHORIA: Cocida con leche combate catarros de pecho. La raíz y las semillas son buenas para provocar la menstruación.

ZARZAPARRILLA: Diurética y depurativa. Cura los eczemas y el reumatismo crónico. La infusión de la raíz se usa para curar las enfermedades venéreas.

INVOQUE A LOS SANTOS DE LA SALUD

La pureza del alma de los santos es el resultado de la vida luminosa de estos seres que se han brindado al servicio del Supremo. Ellos actúan como mensajeros, transmitiéndole las peticiones de los hombres.

A través de las oraciones nos podemos acercar a ellos y solicitarles protección para nuestros seres queridos y alivio para nuestros males.

Para invocar el poder de los santos, lo más efectivo será que encienda una vela en su honor, y antes de que se consuma formule una oración sentida en la cual quede expresada su petición. A continuación rece dos Padrenuestros, dos Avemarías y repita el ritual al menos dos veces por día.

Aquí le detallamos a qué santo puede invocar en cada caso, y cuál es el color de la vela que debe encender para invocarlo.

SANTO	VELAS	PODERES
STELLA MARIS	BLANCA Y CELESTE	Atiende malestares femeninos
SAN CAYETANO	AMARILLA Y BLANCA	Calma los nervios y la ansiedad
SAN CIPRIANO	ROJA	Protege del mal de ojo
SAN COSME	ROJA, ROSA Y CELESTE	Protege a los bebés
SAN DAMIAN	AZUL Y BLANCA	Ampara a los niños débiles

SAN JORGE	VERDE Y ROJA	Concede la fertilidad
SAN MARCOS	BLANCA Y ROJA	Resguarda a los enfermos cardíacos
SAN NICOLAS	VERDE Y ROJA	Protege las vías respiratorias
SAN ONOFRE	AMARILLA Y MARRON	Calma los malestares digestivos
SAN PANCRACIO	BLANCA Y VERDE	Apacigua las crisis nerviosas
SAN PANTALEON	AMARILLA Y ROSADA	Alivia los dolores de pacientes terminales
SAN ROQUE	VIOLETA	Aplaca los dolores
SANTA BARBARA	CELESTE Y ROSADA	Estimula a los depresivos
SANTA CATALINA	AZUL	Ayuda a los adictos
SANTA LUCIA	VIOLETA	Alivia los problemas de vista
SANTA RITA	MARRON	Alivia los dolores del parto
SAN JUAN	AMARILLA	Cura el asma y las alergias

CONTRA EL DOLOR DE MUELAS

Hierva en dos tazas de agua un puñadito de clavos de olor y deje enfriar unos minutos. Tome una nuez moscada y sitúela en su mano izquierda, de manera que quede aprisionada debajo de la articulación que une el dedo pulgar con el dedo índice. Comience a tomar la infusión a sorbitos, mientras repite internamente la siguiente oración: *Que el dolor que tengo dentro, salga para fuera; que Santa Rita me libre de la molestia que me trae esta muela.* Termine de tomar el té, sostenga la nuez moscada durante tres minutos más y luego tírela a la basura.

RITUAL QUE CALMA LOS NERVIOS

Son muchas las hierbas que ayudan a calmar los nervios y recuperar la tranquilidad. Usted puede hacer una infusión de manzanilla, valeriana, pasionaria o tila, todas ellas producen este efecto por igual. Por la noche, proceda a cubrir una foto suya con trozos de algodón y a la mañana siguiente retire los algodones mientras toma la infusión. Luego relájese y visualice una luz de color violeta que lo envuelve. Repita mentalmente: *La paz regresará a mi cuerpo y a mi mente.*
Permanezca así durante unos minutos.
Puede tomar hasta tres tazas por día: al despertarse, a la hora del crepúsculo y antes de irse a dormir.

COMO CURAR EL INSOMNIO

Si sufre de insomnio, en primer lugar tiene que revisar si en su dormitorio no hay elementos que puedan perturbarlo. A menudo conservamos objetos que nos traen malos recuerdos, o cosas que ya no deseamos guardar, pero no nos animamos a tirar. Deshágase de todo aquello que sospeche que atenta contra el sueño. También, es importante que su cama no esté orientada en dirección Norte-Sur, porque esto suele generar insomnio o pesadillas.

Si coloca unas gotas de esencia de lavanda en un recipiente con agua hirviendo y aspira los vapores antes de irse a la cama, el sueño acudirá inmediatamente. Para lograr una mayor efectividad, tome un vaso de leche tibia con una cucharada de miel y coloque unas flores de tila debajo de la almohada.

ELIMINE LAS VERRUGAS

Este rito es muy sencillo y lo debe realizar una noche de Luna Menguante. Antes de las doce, cave un pozo de no menos de veinte centímetros de profundidad y tire en él tantos garbanzos como verrugas tenga. Luego diga en voz alta: *Que desaparezcan estas verrugas cuando la tierra se trague estos garbanzos. Que nada quede de ellas.* Cuando los garbanzos se descompongan y se desintegren, las verrugas caerán.

PARA EVITAR LA CAIDA DEL CABELLO

Hierva cuatro puñados de pétalos de rosas en un litro de agua, a fuego lento. Cuando el aroma y el color de los pétalos haya pasado al agua, retírelo del fuego, cuélelo y páselo a un envase de vidrio.

Use el agua de rosas en el último enjuague, luego del lavado, preferentemente un martes o un viernes a las seis de la tarde. Luego, envuelva sus cabellos con una toalla o una tela de algodón de color verde. Permanezca así treinta minutos, al cabo de los cuales tomará un mechón de pelos de un animal (no debe lastimarlo para obtenerlo) y lo guardará por tres semanas en un sobre junto con tres cabellos suyos. Durante ese período, siga usando el agua de rosas después de cada lavado.

EL ROMERO: LA PLANTA MÁGICA DE LA SALUD

Desde la antigüedad se conocen las propiedades benéficas de la planta del romero. Usted puede utilizar sus flores, sus brotes o sus ramas, para extraer sus propiedades curativas.

Para potenciar sus magníficos poderes, antes de emplearlo déjelo tres horas envuelto en un paño limpio y seco junto con una piedra de cristal de roca. Luego, pronuncie las siguientes palabras: *Conjuro todo el poder que te otorgó la Naturaleza, que es para curar y atraer la buena salud.* Así quedará listo para utilizarlo, de acuerdo con su necesidad.

Brotes tiernos	Ingeridos en ayunas con pan y sal	Fortifican el cerebro y la vista
Flores	Ingeridas con miel y una rodaja de pan	Energiza y estimula el buen humor
Ramas y troncos	Quemados y pulverizados	Blanquean los dientes y los fortifican
Bálsamo	Aplicado sobre la piel	Cicatriza heridas y relaja los músculos
Tisana de hojas	Bebida en ayunas (caliente)	Eleva las defensas del organismo
	Aplicada en el rostro (fría)	Rejuvenece la piel

LUEGO DE SUFRIR TORCEDURAS O ESGUINCES

Coloque un puñado de hojas de romero en un litro de alcohol fino. Deje macerar la preparación durante un mes, y obtendrá un poderoso bálsamo descongestionante y analgésico, muy efectivo para tratar los dolores reumáticos y los calambres producidos por los esguinces y las torceduras.

Para activar el poder curativo de este fluido, cubra la zona afectada con un pañuelo o una tela de color violeta, tome un pequeño objeto de cobre y frótelo entre sus manos hasta que tome temperatura, mientras visualiza un halo luminoso que atraviesa su piel y llega al centro del dolor. Luego, comience a friccionar la parte afectada con el alcohol de romero, describiendo círculos y cruces. Repita el rito tres veces al día.

PARA COMBATIR LA ESTERILIDAD

Este rito está destinado a despertar la fertilidad de aquellas mujeres que, sin tener un problema concreto de salud que les impida concebir, no logran quedar embarazadas. Escriba su nombre (o el de la mujer que desea ayudar) en una lámina de plata. Busque un lugar solitario y silencioso para rezar, y formule con sus propias palabras la petición que tanto desea, al Supremo. Esto lo debe hacer cuatro veces al día, cada una de ellas mirando hacia un punto cardinal diferente, y comenzando antes del amanecer orientado hacia el Norte.

Por la noche, habiendo finalizado la última oración, calcule la fecha aproximada en que nacería su hijo, si fuera concebido en esa misma semana, y anótela debajo de su nombre, en la lámina.

Luego enróllela y entiérrela junto con una manzana roja a no más de treinta centímetros de profundidad. Durante tres semanas tome dos tazas diarias de artemisa.

HIERBAS ENERGIZANTES PARA CADA SIGNO

Si se siente desprovisto de vigor, extremadamente cansado y desea recuperar su vitalidad, bastará que se acostumbre a utilizar en forma de infusión o de condimento la hierba correspondiente a su signo.

ARIES	Pimienta, romero, ajo, menta
TAURO	Salvia, tomillo, milenrama, anís
GEMINIS	Perejil, lavanda, hinojo, verbena
CANCER	Salvia, margarita, madreselva
LEO	Laurel, ruda, azafrán, manzanilla
VIRGO	Hinojo, valeriana y artemisa
LIBRA	Poleo, boldo, diente de león
ESCORPIO	Albahaca, ortiga, estragón, lúpulo
SAGITARIO	Salvia, mirra, higuera, orégano
CAPRICORNIO	Menta, anís, azafrán, mostaza
ACUARIO	Cebada, saúco, peperina
PISCIS	Rosa mosqueta, arándamo, violeta

BELLEZA

Mantener la belleza ha sido una de las mayores
preocupaciones de las hechiceras y magos de todos los tiempos.
Numerosos son los rituales que devuelven la lozanía a la piel,
mejoran el cabello, tonifican los senos y mejoran el aspecto físico
general. En este capítulo, usted conocerá algunas de las recetas
mágicas más utilizadas para conservarse tan bello en el plano
físico como a nivel espiritual.

SAL CONTRA LA CASPA

Para eliminar definitivamente la caspa del cuero cabelludo, comience echando un puñado de sal fina sobre tres carbones encendidos, en una noche de Luna Menguante. Deje quemar durante treinta minutos, luego prepare una tisana de ortiga y mézclela con una taza de vinagre de sidra. Lave normalmente su cabello y aplique al último enjuague este preparado, realizando suaves masajes circulares en el cuero cabelludo. Durante una semana todas las mañanas tire un puñado de sal al inodoro. El baño de ortiga y vinagre puede repetirlo en días alternativos durante todo el tiempo que sea necesario.

PARA DAR VIDA A LA PIEL SECA

Mezcle una cucharada de miel, veinticinco gramos de lanolina, diez gramos de manteca de cacao, cinco gramos de glicerina, veinte gotas de agua de rosas y diez gramos de jalea real. Guarde la preparación en un lugar fresco y oscuro. Luego de purificar su piel con dos cucharadas de azúcar mezcladas con jugo de limón, aplique esta fórmula mágica y déjela actuar veinte minutos, mientras repite:
Doy vida a mi piel con el mágico fluido de las abejas.
Reitere el ritual los días viernes por la mañana, dos o tres veces por mes.

UNA LIMPIEZA MAGICA DE CUTIS

Con este ritual logrará recuperar la salud y la frescura de su piel, eliminando las células muertas y toxinas que opacan el rostro.
Vierta cien gramos de polvo de arcilla en un recipiente de barro o de cristal y cúbralo con agua mineral sin gas. Revuelva con

una cuchara de madera hasta que se forme una pasta homogénea, sin grumos. Guarde la preparación en un frasco de vidrio y envuélvalo en un papel celofán de color azul. Déjela reposar una noche y la preparación mágica ya estará lista para usar.

Primero, lávese la cara con una tisana de romero tibia. No utilice toalla, deje secar la piel al aire. Luego coloque la pasta de arcilla sobre un trozo de tela que no sea de material sintético y aplíquela como una máscara sobre el rostro relajado. Deje actuar durante treinta minutos, mientras repite internamente: *Venus, entrégame tus encantos y recupera la juventud de mi rostro. Expulsa las impurezas de mi piel, para que quede suave como la seda y radiante como la luz de la luna.* Retire la máscara con agua tibia y repita el rito el primer lunes de cada mes.

MÁSCARA NATURAL ANTIARRUGAS

Caliente veinte gramos de cera blanca y, una vez diluida, agregue setenta gramos de miel de acacia. Finalmente, incorpore a la mezcla diez gramos de jalea real, una vez que la cocción alcance los treinta grados de temperatura. Deje que se refresque y aplique sobre el rostro relajado. Mientras espera que se solidifique, visualice su rostro firme y sin arrugas. Tome en sus manos un trozo de papel crepé y sumérjalo en un recipiente con agua, mientras repite: *Afrodita, Afrodita, convierte mi piel en flores que nunca el tiempo marchita.*

Retire la máscara con agua tibia y repita su aplicación todos los días de numeración impar, hasta que el papel se desintegre en el agua por completo. Este ritual puede repetirlo cada dos meses, comenzando siempre el primer día de cada mes.

ELIMINE LAS OJERAS

Esta receta es efectiva tanto para hacer desaparecer las ojeras, como para combatir las antiestéticas bolsas que aparecen debajo de los ojos, producto del cansancio físico o del funcionamiento lento del intestino.

Disuelva un puñado de sal gruesa en agua caliente. Mientras espera que se enfríe, colóque rodajas de pepino sobre la zona afectada y déjelas actuar durante quince minutos. Luego, remoje una toallita o un trozo grande de algodón con el agua salada y aplíquelo cubriendo su piel desde los párpados hasta la altura de la punta de la nariz. Recuéstese con la compresa aplicada, visualice un halo de luz y calor que envuelve su rostro, limpiando su piel profundamente, suavizándola y devolviéndole·toda su frescura. Permanezca así diez minutos más y luego, enjuague con agua fría. Los resultados serán inmediatos.

HECHIZO BORRAPECAS

Este rito puede disminuir la cantidad de pecas del rostro, aunque difícilmente se las pueda eliminar por completo.

Derrita una vela blanca sobre un plato hasta que la superficie del mismo quede completamente cubierta por la cera. Luego tome treinta granos de pimienta negra y comience a adherirlos sobre la cera, presionando un poco con los dedos. A la mañana siguiente lávese la cara con una infusión tibia de romero y, sin secarse, saque un grano de pimienta del plato, cúbralo con azúcar y entiérrelo. Durante un mes repita esta operación cada mañana, hasta enterrar todos los granos. Finalizado este proceso tire una gota de lavanda sobre un trocito de cáscara de batata, déjela secar y luego, quémela. Las pecas irán desapareciendo lentamente, pero deberá repetir el ritual al comienzo de cada otoño.

PARA BLANQUEAR LA PIEL DEL ROSTRO

En un recipiente de boca ancha, introduzca un cuarto de kilo de miel, e incorpore tres yemas de huevo. Agregue 250 gramos de aceite de almendras, diez gramos de esencia de lavanda y 125 gramos de almendras amargas, previamente reducidas a polvo. Forme con estos ingredientes una pasta homogénea, guárdela en un envase transparente, y déjela una noche expuesta a la luz de la luna.
Al día siguiente aplique sobre el rostro, luego de haberlo limpiado con leche. Después de diez minutos, retire la preparación con agua tibia. Este rito debe repetirse cada 28 días.

PARA ELIMINAR LAS MANCHAS DE LAS MANOS

Esta receta lo ayudará a conservar la piel de las manos en perfecto estado, y logrará eliminar las manchas producidas en los dedos por el cigarrillo. Ponga un puñado de azúcar en un recipiente y agréguele el jugo de dos limones exprimidos. Sumerja sus dedos en esta mezcla y revuelva. Comience a frotar toda la superficie de las manos enérgicamente con los granos de azúcar mientras repite:
Afrodita, reina de la belleza, Tú que entregas la gracia de la femineidad, ilumina mis manos que son las portadoras de todo el amor que entrego, y las hacedoras de todas las cosas bellas de mi vida.
Es ideal realizar el rito los días viernes, una o dos veces por mes.

PARA CONSERVAR LAS UÑAS PERFECTAS

Si sus uñas suelen quebrarse con facilidad, en primer lugar debe sumergirlas una vez por semana, durante cinco minutos, en un recipiente con vinagre. Esto las fortalecerá e impedirá que se resquebrajen. Pero para lograr un efecto de belleza duradero y visible, tome la mitad de la cáscara de un huevo duro, y píntela con el esmalte que utiliza habitualmente para sus uñas. Déjela secar y guárdela dentro de una cajita. Mientras la conserve, sus uñas lucirán fuertes, sanas y bellas.

PARA TONIFICAR LOS SENOS

Hierva medio litro de agua y agregue un puñado de raíces de narciso. Incorpore un puñado de salvia, deje reposar durante dos horas, y luego cuele.

Enfríe la preparación hasta que alcance quince grados de temperatura, aproximadamente; luego embeba con esta loción un trozo de género de color blanco, y aplíquelo sobre los senos. Deje actuar diez minutos mientras repite:

Venus, diosa de la belleza carnal, concédeme la fuerza y la gracia de los atributos femeninos.

Reitere el ritual el último viernes de cada mes, durante tres cambios de luna, reservando para realizarlo un silencioso lugar de su casa.

TRABAJO

Para triunfar en el trabajo, estar bien considerado
por sus jefes, mantener una relación óptima con sus compañeros,
atraer compradores a su negocio o pacientes a su consultorio,
nada mejor que poner en práctica las sencillas y efectivas fórmulas
mágicas que figuran en el presente capítulo. Empléelas
únicamente cuando, después de efectuar un minucioso examen
de conciencia, concluya que la realización de un ritual potenciador
resulta imprescindible. No se deje llevar por la ambición
desmesurada ya que, en este caso, el conjuro podría
producir un efecto contrario.

ORACION DEL EXITO LABORAL

Antes de encaminarse hacia su lugar de trabajo, pronuncie esta oración, que lo ayudará a sortear cualquier obstáculo que pueda presentarse durante el día: *Jesús, Salvador del hombre, te pido que me brindes tu ayuda en mi trabajo. Dios, Creador del hombre, te suplico que mi tarea sea próspera y fecunda en este día. Aléjame de lo negativo. Virgen María, te pido que me guíes por la senda correcta y no permitas que me equivoque. Que la seguridad me acompañe y la alegría no me abandone. Que este día sea un peldaño más en el camino de la superación profesional y espiritual. Amén.*

DUPLIQUE SU RENDIMIENTO

Este rito apela a la inagotable energía que puede obtenerse de las gemas. Consiga una pirámide y guarde siempre dentro de ella siete piedras, cuidando que ninguna de ellas sea de color negro. Antes de partir rumbo al trabajo, tome cada día una piedra distinta y llévela con usted. Al regresar a su casa debe lavar la piedra usada con agua y sal.

Otra técnica efectiva para activar su voluntad y vocación de servicio consiste en agregarle al agua del baño, una infusión de hojas de cerezo. También, puede volcar la infusión sobre su cuerpo después de una ducha, cuidando que la misma no toque su rostro. Lo ideal es no enjuagarse y, si la temperatura ambiental lo permite, secarse al aire, sin utilizar toallas. Este baño ritual fortalece la voluntad y potencia la capacidad de trabajo.

PARA PROGRESAR EN LA PROFESION

Consiga tres monedas del mismo tamaño y dos pequeñas ramitas de ruda. Coloque sobre una de las monedas una ramita de ruda fresca. Apoye sobre el vegetal otra moneda y encima de esta última una nueva ramita; finalmente cubra con la tercera moneda todo lo anterior y envuélvalo con cinta adhesiva transparente. Un viernes 13 deberá asistir a una misa llevando el "emparedado" de monedas y ruda en el bolsillo. Al final de la ceremonia abandónelo al pie de la estatua del santo de su devoción. Al hacerlo, solicite humildemente que le conceda la posibilidad del desarrollo y el progreso profesional que merece, y que, a su tiempo, lleguen los honores y el reconocimiento. Cuando note que su deseo comienza a materializarse, agradezca la concesión llevando todos los meses una moneda envuelta en un brote de ruda a su santo benefactor.

CONSERVE SU TRABAJO

Si usted teme por la estabilidad de su trabajo y en verdad desea conservarlo, recurra a este sencillo rito que le permitirá cumplir con su objetivo. Escriba siete veces en un trozo de papel rojo: *Deseo con todas mis fuerzas conservar mi empleo. Júpiter, evita tropiezos en mi camino y ayúdame a permanecer en mi sitio con éxito.* Coloque tres dientes de ajo en el centro del papel, dóblelo y envuélvalo con un gajo de ruda, atando todo con tres cintas de seda roja. Guarde este paquete en algún armario o fichero de su lugar de trabajo que le pertenezca.

RITUAL PARA OBTENER UN ASCENSO

Para efectuar este rito deberá conseguir tres velas de distinta altura. La más larga será de color rojo, la mediana amarilla, y la más pequeña de color blanco.

Anote en tres papeles distintos su nombre completo y ponga un papel debajo de cada vela. Ordene todos los elementos sobre una mesa, colocando las velas de la siguiente forma: la roja en el extremo izquierdo, la amarilla en el medio y a la derecha, la blanca. Disperse alrededor de las velas un puñado de arroz. Luego, encienda la vela blanca y diga en voz alta: *Sólo pido que se me entregue lo que merezco. Júpiter, recompénsame por mis esfuerzos.*

Encienda la vela amarilla y repita: *Que la confianza sea depositada en mi persona.*

Encienda la última vela, y deje a las tres arder durante siete minutos. Apáguelas sin soplar, apretando el pabilo entre su pulgar y su índice humedecidos con agua. Repita el rito todos los días hasta que se consuma por completo la vela blanca. El ascenso no tardará en llegar.

OBTENGA EL PUESTO DESEADO

Este rito lo ayudará a obtener un puesto de trabajo en el ámbito adecuado y en las condiciones deseadas por usted.

Llene las dos terceras partes de una lámpara de queroseno con dicho combustible y la tercera restante con partes iguales de aceite de oliva y de ricino. Agregue tres hojas de ruda macho picadas y una cucharada de cáscara de limón rallado. Introduzca en la lámpara un clavo, un trozo de uña y un trocito de mina de un lápiz de color rojo.

Encienda la lámpara durante tres días, siempre a las siete en punto de la tarde y sosteniendo un imán entre sus manos repita: *San Cayetano, concédeme iluminación en mi búsqueda, para alcanzar el trabajo que deseo.* Si no obtiene resultados inmediatos, repita el rito dos veces al mes.

AUMENTO DE SUELDO EN SIETE DIAS

Este rito lo deberá realizar durante una semana seguida, comenzando el primer día al amanecer. Compre siete agujas grandes y cada día coloque sobre un imán una de ellas repitiendo: *Agradezco al Universo lo que hoy en mis manos tengo y sólo pido ser acreedor de lo justo. Consagro esta aguja para que atraiga un aumento en mis ingresos.*

Al día siguiente repita la ceremonia y así sucesivamente durante una semana, comenzando siempre el rito una hora después que el día anterior (el primer día a las seis, el segundo a las siete, el tercero a las ocho, etc.).

El octavo día pinche las siete agujas en un trocito de tela de color amarillo. Deberá llevarlo con usted en el momento en que decida solicitar un aumento de sueldo en su trabajo. Si el aumento ya lo había solicitado con anterioridad, coloque la tela en contacto con el dinero de su sueldo, en el lugar en donde habitualmente lo conserva guardado.

LAS GEMAS DE LA BUENA FORTUNA

Cuando realice un ritual destinado a mejorar su situación laboral, recuerde que conservar determinadas gemas cerca de usted y encender en el día adecuado velas de determinado color, potenciarán su energía positiva y multiplicarán los efectos de cualquier rito.

OBJETIVO	VELAS	PIEDRA	DIAS
Para conseguir trabajo	ROJAS	Coral, rubí, cristal de roca	MARTES Y JUEVES
Para conservarlo	BLANCAS	Perlas, ágata	LUNES

| Para conseguir un beneficio. | AMARILLAS | Amatista, topacio | DOMINGOS |
| Para obtener un trabajo mejor | AZULES | Turquesa, zafiro | MIERCOLES Y JUEVES |

GANE UN JUICIO LABORAL

Para que el fallo de un juicio relativo a cuestiones laborales le resulte beneficioso, y en especial para impedir que se cometa una injusticia, basada en el falso testimonio de la otra parte interesada, recurra a esta preparación.

Mezcle los pétalos de un clavel con una cucharadita de canela y otra de semillas de anís. Agregue varias gotas de agua de rosas. Este preparado oleoso úselo para frotarse las muñecas y la garganta antes de dirigirse a declarar al juzgado. También, puede agregarlo al agua de su baño.

Antes de salir de su casa repita: *El poder de la verdad triunfará. Dios, tan sólo concédeme el don de expresarme correctamente para que no queden dudas ante la Justicia de los hombres sobre mis palabras y mis actos.*

PARA COBRAR UNA INDEMNIZACION

Escriba en un papel dos veces y en forma de cruz el nombre de la persona o la empresa que le debe dinero. Doble el papel en cuatro y colóquelo dentro de una caja de madera, cubierto de hojas de ruda. También guarde sobre la caja un pañuelo blanco anudado. Todos los días a la misma hora, tome el pañuelo en sus manos y mientras lo golpea contra la caja, repita tres veces: *Poncio Pilatos, hasta que no me entregues lo justo, no te desato.* A continuación eleve una plegaria al Supremo, rogando recibir lo que a usted le corresponde. Cuando cobre, desate el pañuelo, queme el papel y las hojas de ruda.

EROTISMO

En estas páginas encontrará diversos ritos
que lo ayudarán a mantener vivo el fuego de la pasión y le
indicarán cómo despertar el interés erótico de una persona que
está agobiada por el cansancio o los problemas.
También, gracias a muchas de estas fórmulas, logrará
superar las inhibiciones sexuales.

FABRIQUE SU PROPIA ESENCIA AFRODISIACA

Con esta fórmula usted podrá elaborar un perfume con el cual se despertará su propio caudal erótico y además logrará atrapar irresistiblemente a su amante. Necesitará dos hojas secas de lirio, cuatro flores secas de naranjo, cuatro gramos de almizcle y cinco gramos de alcanfor.

En la noche de un lunes mezcle todos los elementos y redúzcalos a polvo. Una vez pulverizado todo, agréguele diez gotas de agua de rosas y treinta gotas de una colonia o aceite esencial, cuya fragancia puede elegir según la siguiente lista:

SIGNOS DE FUEGO: ARIES, LEO, SAGITARIO
ROSAS, NARCISO, ESENCIAS FLORALES

SIGNOS DE AIRE: GEMINIS, LIBRA, ACUARIO
SANDALO, LAVANDA, ESENCIAS FRUTALES.

SIGNOS DE TIERRA: TAURO, VIRGO, CAPRICORNIO
JAZMIN, PINO, PATCHULI, ESENCIAS SECAS

SIGNOS DE AGUA: CANCER, ESCORPIO, PISCIS
GARDENIA, MUSK, LIRIO, ESENCIAS AL OLEO

Deje todos estos ingredientes macerar durante un día completo en un frasco de vidrio bien tapado y en un lugar fresco. Al día siguiente, mójese la punta de los dedos con la esencia y arroje una gotas sobre su almohada, en el interior de sus zapatos, en el piso del dormitorio y en una prenda íntima. Luego, prepare un baño de inmersión, y eche todo el contenido que le haya sobrado. Repita este rito dos o tres veces por año.

PUNTO FINAL A LA INSEGURIDAD

Este ritual tornará especialmente atractiva a la persona que lo practique. Es muy efectivo para aquellos que experimenten inseguridad y miedo a no gustar. Durante una semana seguida, a medianoche, encienda dos velas de color violeta en su dormitorio y luego proceda a tomar una ducha breve. Al terminar, diríjase al cuarto y apague las velas con los dedos. Al séptimo día de realizar este rito encienda nuevamente las velas y disponga a la derecha de ellas una copita de licor y a la izquierda, un platito con sal gruesa. Diga siete veces la siguiente oración: *Reclamo las caricias del amor para mi alma y mi cuerpo.* Luego con sus dedos vaya salpicándose unas gotas del licor por la frente, el pecho, el vientre, los muslos y los pies.

Prenda un sahumerio de musk y repita: *Que la sal se lleve mis amarguras y mis inseguridades.* Vuelque el resto de licor en la sal y deje todo así hasta que las velas se consuman. Finalmente tire en una bolsa las velas, la sal y los restos de sahumerio.

DISFRUTE DE UNA NOCHE INOLVIDABLE

Para preparar una velada maravillosa y ardiente con el ser amado, primero encienda varios sahumerios de musk o de sándalo y repártalos por toda la casa. Tome un baño de inmersión y coloque unas sales de baño perfumadas en el agua. Masajée su cuerpo y relájese. Luego tome su esencia preferida y perfúmese, sin olvidar cuatro puntos claves : detrás de las orejas, detrás de las rodillas, en las muñecas y debajo del pecho.

Coloque una cinta de seda roja detrás de la puerta y en las manijas de los placards de su dormitorio. Vístase con ropa de color rosado o blanco y estrene algún accesorio dorado o una prenda íntima.

PARA POTENCIAR SU RENDIMIENTO SEXUAL

Para mantener siempre vivo el fuego de la pasión tome un imán circular, colóquelo en un plato y cúbralo con un pañuelo blanco. Debajo del plato puede poner una fotografía de su pareja o una prenda íntima de cada uno de ustedes, con el fin de potenciar la energía del hechizo.

Deje todo dispuesto de esta manera durante tres noches, en un lugar que no esté a la vista. Luego, tome el imán y sumérjalo en un vaso con agua junto con unas gotas de tinta o colorante de color rojo. Déjelo así durante tres horas. Transcurrido este tiempo, deje secar el imán al sol y guárdelo en el cajón de su ropa interior. Introduzca en el agua coloreada una rosa, después de tres minutos déjela secar y guárdela junto al imán.

ATRAPE ETERNAMENTE AL SER AMADO

Consiga una superficie de madera que sea rectangular y no tenga menos de veinte centímetros de largo. Fabrique con arcilla un muñeco, al que le irá incluyendo atributos del ser amado: péguele un mechón de sus cabellos y vístalo con un pañuelo que le pertenezca. Apoye el muñeco acostado sobre la madera, y coloque cerca de éste, pequeños objetos que le pertenezcan a usted: anillos, cadenitas, cartas de amor, etc.

Durante tres días eleve plegarias nocturnas frente al muñeco, pidiendo al Supremo que nunca los separe. Al cuarto día cubra todo con flores rojas, guárdelo en una caja y dispóngala en un lugar de la casa que no esté a la vista de nadie. Mantenga todo así, durante seis meses y ya nada podrá destruir la unión física y espiritual.

MEJORE SUS CONTACTOS ÍNTIMOS

Un truco que sirve para elevar la energía sexual de la pareja consiste en recurrir a un pequeño trocito de madera de ciprés, cuyo efecto más poderoso es intensificar los contactos íntimos.
Para lograrlo deberá atar esta madera con una cinta de seda roja, en la cual previamente habrá escrito su nombre y el de su pareja. Luego, déjela una noche cubierta con polvo de sahumerio y pétalos de flores, dentro de una bolsa de tela blanca. Al día siguiente tome la madera y colóquela debajo del colchón del lecho matrimonial. Pasados nueve meses, deberá repetir el procedimiento con un trozo nuevo de madera.

EVITE QUE LA RELACIÓN SE ENFRÍE

Para que el sagrado fuego que mantiene unida a su pareja nunca se apague compre una planta que no dé flores y cuyas hojas crezcan durante todas las estaciones del año; efectúe esta compra un día jueves. Elija una maceta de barro de boca ancha, píntela de color verde, escriba en un papel su nombre y el de su pareja en forma de cruz y colóquelo en el fondo de la maceta. Disponga tres cristales de cuarzo formando un triángulo sobre el papel con sus nombres. Luego traspase su nueva planta a esta maceta, mientras repite: *Esta planta crecerá con vigor, al igual que nuestra unión amorosa. La energía del Sol y del agua que la alimentan también alimentarán nuestra unión física y espiritual.*
No olvide regarla diariamente con agua, que haya dejado sedimentar toda una noche en una copita de cristal.

CONCRETE SUS FANTASÍAS MÁS ATREVIDAS

Este rito mágico lo ayudará a tener una relación erótica cada vez más satisfactoria y osada. En una vasija de barro coloque ocho piedras de carbón y quince hojas de laurel secas. A las doce de la noche en punto encienda los carbones y repita: *Que el deseo y el placer no abandonen esta unión, y que cada vez sea mayor la atracción que nos inunda.*

Observe el recipiente: si hay más humo que fuego, deberá repetir el ritual dos o tres veces por mes. En cambio, si el fuego es más intenso que el humo, la compatibilidad erótica con el ser querido será inmejorable.

EL AMULETO DE LA PASION

Este amuleto invoca al espíritu del fuego que es el que alimenta la atracción sexual de la pareja. Confeccione una bolsa de seda de color rojo y colóquele un puñado de granos de pimienta negra, una hoja de laurel y un algodón al que perfumará con aceite de musk, tres gotas de su perfume y tres gotas del perfume de su pareja. Entierre la bolsita en una maceta y luego, siembre en ella una plantita de ruda.

HIERBAS EXCITANTES

Existe una gran variedad de hierbas que estimulan el erotismo y se utilizan, tanto para condimentar las comidas, como para preparar infusiones.

Para potenciar las propiedades afrodisíacas de cada una de estas plantas, deberá proceder a secarlas si es que usted mismo las recoje, cuidando de no exponerlas directamente a la luz solar. En caso contrario, las puede adquirir ya disecadas. Luego, deberá guardarlas en frascos de vidrio herméticamente cerrados.

INFUSIONES	CONDIMENTOS
MUERDAGO,	ALBAHACA,
VALERIANA,	CILANTRO,
GINSENG,	AZAFRAN
ALMIZCLE	

TELAS Y COLORES QUE SUBYUGAN

Lo más recomendable es que su ropa de dormir esté confeccionada en telas que permitan el correcto fluir de la energía. Las telas más adecuadas son las sedas, las gasas y el algodón. Las fibras sintéticas pueden resultar atractivas, pero dificultan el paso de las corrientes energéticas que se liberan en la actividad erótica.

En cuanto a los colores más apropiados para las prendas sensuales, debemos recordar que el rojo incita a la pasión, el morado y el violeta encienden la atracción debilitada, el rosa inspira romanticismo, y tanto el azul como el verde sirven para calmar los nervios y dejar atrás los problemas cotidianos antes de un contacto íntimo.

MAGNETICE SUS PRENDAS INTIMAS

Con este hechizo usted podrá magnetizar sus prendas para lograr el efecto que desea provocar en el ser amado.

Tome las prendas íntimas que usted más usa a la hora del amor, y sumérjalas en abundante cantidad de agua, a la que le habrá agregado, previamente, agua de rosas y tres gotas de aceite esencial de musk o sándalo. Séquelas al sol y luego colóquelas sobre un papel de celofán de color azul. A los costados del celofán, encienda un sahumerio, tres velas rojas, y rodéelo con flores blancas. Concéntrese unos minutos en su pareja y cuando el sahumerio se haya consumido envuelva la ropa en el celofán, coloque dentro un cristal de cuarzo y deje todo, una noche, bajo la luz de la luna. Antes de usarlas, tome un baño de inmersión al que le agregará los mismos aceites esenciales.

RECUPERE SU ANTIGUO VIGOR

Cuando se produce en el hombre una aparente pérdida de la energía sexual que se traduce en desgano o agotamiento y no existe una real causa física que justifique este problema, usted puede recurrir a la magia.

Este ritual se realiza en pareja y resulta verdaderamente efectivo cuando se trate de una unión amorosa real. Si se trata de una relación frívola o pasajera, no pierda el tiempo porque jamás obtendrá resultados.

Derrame dos gotas del perfume que habitualmente usan usted y su pareja sobre las sábanas y en las cortinas de la habitación. Encienda una vela de color rojo e inserte una aguja a unos cinco centímetros de la mecha. Siéntese en la cama junto al ser amado y observen en total concentración cómo se consume la vela. A medida que la vela se derrita, el hombre recuperará paulatinamente la energía sexual. Cuando la aguja caiga, este efecto se potenciará. Dejen que la vela se termine de consumir y prepárense para comenzar el juego amoroso.

LAS PIEDRAS DE LA ATRACCION

Una forma de estimular el deseo erótico en la pareja, cuando los encuentros íntimos se ven amenazados por el cansancio o los problemas, consiste en recurrir al poder de las piedras. Simplemente, tendrá que disponer una buena cantidad de ellas, colocarlas en un pequeño recipiente de mimbre o de cerámica y dejarlas muy cerca de la cama matrimonial.

Otra forma de utilizar las piedras será llevarlas durante el día lo más cerca posible de los genitales, por ejemplo en el bolsillo de un pantalón. Si es así, por las noches las deberá enjuagar con agua y sal marina, dejándolas luego secar unas horas al sol.

Para saber qué piedra utilizar, guíese por esta lista según su problema específico:

DEPRESION, CANSANCIO, FALTA DE DESEO — AGUAMARINA, ZAFIRO, CORAL Y JADE

INCOMUNICACION, BLOQUEO AFECTIVO — ESMERALDA, TURQUESA, TOPACIO

BAJA AUTOESTIMA, FALTA DE ESTIMULO — CRISTAL DE ROCA, RUBI, JADE, AGATA

UNA RECETA CONTRA LA FRIGIDEZ

Disponga en un platito dos cucharadas soperas de limaduras de hierro y rocíelas con agua y vinagre. Deberá dejarlas al aire libre hasta que se oxiden y luego triturarlas con un martillo hasta convertirlas en polvillo. Luego introduzca las limaduras en un tubo de cristal y pegue un imán en la boca del tubo, con una cinta adhesiva. Deje esto así por una semana y, transcurrido ese lapso, mezcle las limaduras con una cuchara de azúcar, tres nueces picadas y tres hojas de ruda. Guarde todo en una bolsita de tela y colóquelo bajo el colchón del lado donde duerme la mujer afectada. Deberá dejarlo así hasta que sienta el efecto del hechizo. Repita el rito cada tres meses.

MIEL DE AJO PARA COMBATIR LA FRIGIDEZ Y LA IMPOTENCIA

Tome siete almendras y tritúrelas hasta convertirlas en polvo fino. Luego lave y pele siete dientes de ajo e introduzca las almendras y los ajos en un vaso repleto con miel. Toda esta preparación deberá dejarla macerar y concentrar durante siete días.

Lo ideal, pasado este tiempo, será tomar una cucharada diaria de la preparación. El poder del ajo de mejorar la circulación sanguínea es lo que produce este efecto benéfico de combatir la impotencia y la frigidez. Si usted no tolera el ajo o no lo digiere bien, puede optar por las cápsulas de ajo, que surten el mismo efecto y no dejan olor desagradable en la boca.

DIETA VITAL

Durante treinta días macere en alcohol una buena cantidad de flores de palta. Ingerirlas, potenciará la vitalidad sexual de la pareja.

También el carozo de la palta, macerado en vino blanco, genera una bebida afrodisíaca muy efectiva. Y por supuesto, la pulpa del fruto de la palta lo proveerá de energía si lo consume periódicamente.

Otra receta muy efectiva será que tueste diez gramos de maní y luego los triture. Luego, deberá agregar una copa de brandy o de cognac, y beberla antes del encuentro amoroso.

La cebolla, mezclada con miel, manteca y jugo de jengibre, también tiene altos poderes vigorizantes. Prepárela de esta forma y consuma una cucharadita por día.

La orquídea tiene la propiedad de mejorar el desempeño sexual masculino. Si desea utilizarla, deberá triturar sus bulbos y mezclarlos con otros alimentos dos veces por semana.

BREBAJES AFRODISIACOS

Mezcle un huevo de codorniz y un vaso de cerveza negra. Si es posible, procéselos en la licuadora, hasta que formen un licuado homogéneo y espumoso. Esto lo puede beber tres veces por semana, preferentemente como aperitivo, antes de la cena.

Otro estimulante poderoso es el cacao. Usted puede comer una barrita de chocolate antes de la hora del amor, pero recuerde que si lo consume todos los días también puede dificultar la digestión.

Para recuperar la intensidad erótica es excelente aderezar sus comidas con cilantro. Lo puede utilizar para darle sabor a los guisos y a las preparaciones con carnes.

Otro secreto: un té de ginseng por día consumido en ayunas. Es importante que lo tome todos los días, ya que el efecto energizante del ginseng es acumulativo.

DISUELVA UN ENCANTAMIENTO EROTICO

Si sospecha que su pareja está llevando una doble vida, pese a que existe entre ustedes un lazo de amor fuerte, es posible que esté sufriendo un *encantamiento erótico*. Quizás su intención no sea engañarlo a usted, pero no pueda despegarse de la persona con quien le es infiel.

Cuando su pareja no se encuentre en la casa, tome su alianza de casamiento y pásele una hebra de lana de color negro. Anude los extremos de la lana alrededor de una foto de cuerpo entero de su compañero, cuidando que el anillo quede a la altura del pecho y el nudo por detrás de la foto. Antes que su pareja regrese, colóquese la alianza y regrese la fotografía a su lugar habitual. Repita esto tantas veces como pueda; además, guarde en una bolsa de tela de color blanco los siguientes elementos: una prenda íntima de cada uno de ustedes, una foto de los dos juntos (en lo posible que sea de la luna de miel), y dos rosas rojas anudadas por una cinta también roja. Este rito sencillo y eficaz logrará que su enamorado no sienta ningún placer en hacer el amor con otra persona que no sea usted.

CORTE DE RAIZ UNA POSIBLE TRAICION

Quizás usted no tenga la certeza de que su amado le es infiel, pero su intuición le advierte que puede llegar a ser seducido por otra persona. Con el siguiente hechizo, usted podrá tanto prevenir sus posibles infidelidades, como aniquilar la existente. Esconda un poco de sal gruesa en la botamanga del pantalón de su amado o, en su defecto, en el bolsillo de alguna prenda; con tres granos de sal será suficiente. También coloque en el mismo lugar una gotita del perfume que usted acostumbra usar. Mientras hace esto repita: *Que la sal y mi perfume alejen de su vida a toda persona que quiera seducirlo y conquistarlo. De lo contrario, que no lo una la atracción, ni el entendimiento.* Repita el hechizo los días lunes, viernes y sábado, durante un mes seguido.

AMISTAD

La amistad es, junto con el amor de pareja,
uno de los sentimientos más puros que existen, ya que se trata
de un vínculo de absoluta libertad en el que nada ni nadie
determina nuestra elección afectiva.
Si usted desea tener nuevas amistades, reconciliarse con un
amigo del cual está distanciado o alejar de su lado a personas
falsas, los ritos que figuran en este capítulo le permitirán
cumplir con su cometido y disfrutar con total alegría
de sus relaciones amistosas.

FORMULA DE LA POPULARIDAD

Si usted es muy introvertido, pero tiene un legítimo deseo de relacionarse con sus compañeros de trabajo, vecinos y conocidos, recurra a este ritual que lo ayudará a que los demás se acerquen a usted.

Mezcle un puñadito de pétalos secos de narcisos, jazmines y hojas de muérdago con nuez moscada en polvo y romero; luego agréguele un trozo de coral blanco o rosado. Reduzca todos estos ingredientes a un polvo muy fino. Si está pensando en atraer la amistad de una persona determinada, eche una pizca de este polvo en el umbral de la puerta de su casa u ofrézcale prestarle algún objeto al cual usted previamente habrá espolvoreado con la preparación. En cambio, si lo que desea es la aceptación de un grupo, junte esta mezcla en una bolsita de tela blanca y ocúltesela debajo de su almohada durante tres noches. Después, guarde todo en una cajita de madera y déjela cerca de algún objeto que tenga un gran valor sentimental para usted, por ejemplo, algo obsequiado por un ser querido.

PARA QUE CONFIEN EN USTED

Cuando alguien desconfía de nosotros y se muestra distante, ya sea por temor, por timidez o por cautela, podemos usar este método infalible para ganar su confianza. Consiga una vela marrón y escriba en ella tres veces el nombre de la persona. Luego, coloque la vela en un recipiente repleto de azúcar y repita: *La distancia que impones se acortará. Te darás cuenta que en mí puedes confiar. En nueve días tu amistad será mía.*

Efectúe este rito durante tres días consecutivos por la noche y si no obtiene el resultado esperado, repítalo a la semana siguiente durante tres días más.

EL CORAL DE LA LEALTAD

Si quiere conservar para siempre la amistad de una persona, deberá hacerle un obsequio mágico. Elija un coral de cualquier tamaño. Déjelo tres noches y tres días sobre un plato cubierto de arena, sobre el cual habrá escrito, con una varilla de sahumerio, la inicial de su nombre y la del nombre de su amigo. Concéntrese en la piedra unos minutos y diga en voz alta:
Para esta amistad pura, consagro este coral tan puro y noble, para que nunca exista el enojo o la traición.
Luego lave la piedra con abundante agua fría y déjela secar al sol.
Ya estará lista para regalar. Entréguela a su amigo un día miércoles.

RITO DE LA RECONCILIACION

Después de una violenta discusión con un amigo y cuando usted esté decidido a reiniciar el diálogo pacífico, efectúe este ritual para que la cólera no se apodere nuevamente de ninguno de los dos. Mezcle dos cucharadas de té de tila, una de azúcar moreno, un poco de miel, tres cucharadas de té de rosas o de jazmín y media cucharada de tintura de benzoína. Ponga todo esto en un recipiente metálico, agregue tres carbones encendidos y sahúme algún objeto que pertenezca a ese amigo con el que se disgustó. Si esto no es posible, escriba en un papel blanco el nombre de dicha persona y páselo tres minutos sobre el humo de la preparación. Esto será más efectivo si lo acompaña con una oración en la que pida que la calma y el entendimiento reinen entre ustedes.

RECUPERE A UN AMIGO DISTANCIADO

A veces, un malentendido provoca un corte en una relación amistosa. Otras veces, las presiones cotidianas o la falta de tiem-

LOS SECRETOS DE LA BRUJA

po nos alejan involuntariamente de nuestros más queridos amigos. Cualquiera sea el motivo que lo prive de disfrutar del calor de la amistad, recurra a este rito para modificar la situación.

Triture hasta convertir en polvillo un caracol marino y mézclelo con un jazmín seco y también pulverizado. Agregue una cucharadita de azúcar, una nuez picada y dos gotas de colorante de repostería rosado (o tinta rosada). Luego tome una foto de su amigo y espolvoree el preparado sobre ella, dibujando un círculo, una noche de Luna Creciente. Deje la foto apoyada sobre una tela blanca, rodeada de flores del mismo color. Al amanecer retire de la foto el polvo de la amistad que ha fabricado, guárdelo en una bolsita de tela de color verde y déjela en su mesa de noche o su escritorio, hasta que se produzca el esperado reencuentro. Cuando esto suceda, arroje la bolsita al mar o quémela.

EL CONJURO DEL PERDON

Cuando cometemos el error de haber revelado un secreto que un amigo nos confió o lo criticamos delante de otros en su ausencia, lógicamente debemos pedir disculpas a la persona perjudicada. Pero aun cuando somos perdonados, generalmente no nos sentimos en paz con nosotros mismos por la acción cometida. En el momento que esto le suceda usted, deberá recurrir a este conjuro para reconciliarse con su conciencia, recuperar la armonía interior y purificar su energía.

Ubíquese en una habitación silenciosa al amanecer o a la hora del crepúsculo, vístase con prendas de color blanco y siéntese en el piso. Respire profundamente y repita tres veces: *Estoy sinceramente arrepentido por haber lastimado a mi amigo. Deseo que el Supremo me perdone para así poder perdonarme yo mismo. No volveré a repetir una acción que no me conforma y no está dentro de mi*

naturaleza. *Deseo purificarme para ser mejor persona.* Amén.
Repita este ritual tres veces por semana, durante un mes.

ALEJE A LAS FALSAS AMISTADES

Cuando detecte que una persona, que antes merecía su confianza y su amistad, se acerca a usted solamente para pedirle favores o sacar provecho de la relación, recurra a este ritual que la alejará para siempre sin necesidad de que medie una discusión o una pelea para que esto suceda.

En una noche de Luna Menguante escriba el nombre de la persona en un trozo de papel o cartulina de color rojo. Debajo del nombre, dibuje una línea recta sobre la cual pondrá pegamento y luego eche sobre la misma las cenizas de un cigarrillo. Espere unos segundos a que la ceniza se adhiera al papel, luego enróllelo y átelo con tres cintas coloradas, haciendo tres nudos con cada cinta. Guarde durante tres semanas el papel así enrollado y atado, dentro de un frasco oscuro que no sea muy transparente y colóquelo en el lavadero, en el jardín, o en el balcón, pero nunca cerca del dormitorio.

Pasadas tres semanas, tire el frasco a un río caudaloso o a una corriente de agua y comprobará que las compañías indeseables no lo molestarán más.

SALVESE DE UNA TRAICION

Si sospecha que un amigo lo ha traicionado hablando mal de usted a sus espaldas o lo perjudica de algún otro modo, recurra a la magia para cortar todo el efecto negativo de esta situación.

Coloque una foto de esta persona o un papel donde haya escrito tres veces su nombre, en una caja de cartón. Cubra toda la foto o el papel con sal y varios dientes de ajo. Tome tres metros de cinta roja y pásela alrededor de la caja ya cerrada. Ate los extremos de la cinta con tres nudos, y entiérrela ese mismo día en un pozo. Al poco tiempo, la persona que lo ha dañado le pedirá disculpas o se alejará definitivamente de su lado.

PARA AYUDAR A UN AMIGO CON PROBLEMAS

Cuando un amigo está sufriendo por una situación irremediable y a pesar de nuestra buena voluntad no logramos consolarlo, podemos recurrir a este ritual para calmarlo a distancia. Escriba el nombre de su amigo en un pequeño papel blanco y colóquelo en el medio de dos trozos de algodón de mayor tamaño que el papel. Coloque todo en una cajita de madera. Luego recoja dos ramitas de olivo y deposítelas sobre el algodón. Cubra todo con azúcar y pétalos de jazmín. Cada día durante una semana, abra la caja para echarle tres gotas de té de rosas. Después tire los elementos a la basura y limpie el interior de la caja con sal para volver a usarla. Su amigo se irá recuperando con el transcurso de los días.

PROTECCION

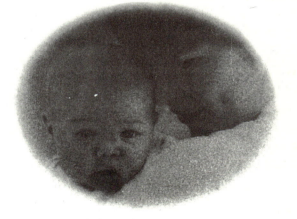

*Existen dos tipos de magia: la blanca, de carácter benéfico,
y la negra, practicada por seres de espíritu poco evolucionado,
capaces de causar daño a los demás con sus hechizos.
Tengamos o no enemigos, todos estamos expuestos al ataque
de quienes poseen facultades psíquicas paranormales y las utilizan
para el mal y por eso debemos protegernos de sus agresiones
energéticas. Los rituales explicados a continuación lo ayudarán a
defenderse de toda clase de maleficios e influencias destructivas.*

PURIFÍQUESE MIENTRAS DUERME

Llene un vaso con agua fría y expóngalo al sol durante quince minutos. Luego déjelo reposar en un lugar oscuro y fresco. Usted deberá colocar el vaso debajo de su cama, a la altura de la cabecera, durante toda la noche. Al levantarse observe atentamente el agua: si nota que se ha llenado de burbujas, significa que durante el día ha estado rodeado por vibraciones negativas. Si esto sucede, es conveniente que tome una infusión de manzanilla con canela antes de conciliar el sueño, para revitalizarse y cargarse positivamente.

COMO DESHACER UN TRABAJO DE MAGIA NEGRA

Si cree que le han hecho un "trabajo negro" utilice esta receta mágica y neutralice la agresión.

Busque un sitio al aire libre donde pueda descalzarse y pisar la tierra. Permanezca de pie, orientando su mirada hacia el oeste, y mastique durante quince minutos la raíz de un cardo; mientras lo hace, repítase mentalmente que ninguna fuerza maligna doblegará su esencia espiritual y su voluntad. Cuando la raíz ya no tenga consistencia, escúpala con fuerza y vuelque sobre ella un buen puñado de arena hasta cubrirla por completo.

Para evitar que el daño regrese, recoja una rama de cedro y guárdela cubierta de sal dentro de una caja de madera durante siete días. Luego arroje la rama a las aguas de un río o a una alcantarilla.

ANULE EL PODER DE LAS "ARMAS NEGRAS"

Para hacer un trabajo de magia negra se suelen utilizas velas, aceites y otro tipo de elementos. Si estos aparecen en la puerta de su hogar, significa que alguien ha intentado perjudicarlo. En caso de encontrarlos, proceda de la siguiente manera:

- Jamás toque directamente con sus manos los objetos encontrados. Utilice guantes de goma o algún otro aislante.
- Junte los elementos con una pala, colóquelos en una bolsa negra y quémelos lejos de su casa.
- Para neutralizar los efectos negativos que pudieran haber causado estos objetos, limpie con vinagre y agua el lugar donde fueron encontrados.

SAL CONJURADA QUE ALEJA MALDICIONES

La sal tiene la mágica propiedad de absorber las vibraciones negativas de las palabras que han sido pronunciadas con la finalidad de perjudicarnos.

Tome un sobre de papel rojo. Coloque siete alfileres y un puñado de sal gruesa en su interior. Ciérrelo y déjelo debajo de su cama durante una semana. Luego retire los alfileres con una pinza y guarde la sal gruesa en un frasco. Cierre el recipiente herméticamente y rodéelo con un hilo de cobre hasta completar siete vueltas.

Conserve este frasco como amuleto protector en un rincón oculto de su casa y repita este rito el primer miércoles de cada año.

FORMULA ORIENTAL ANTI HECHIZO

Esta oración es especialmente efectiva para diluir los efectos de un hechizo de venganza. Se trata de una plegaria que figura en el sagrado libro del Corán, a la cual usted puede recurrir aunque no pertenezca a la religión del Islam. Quítese los zapatos, arrodíllese en dirección al Este minutos antes de la salida del Sol y pronuncie las siguientes palabras: *En el nombre de Alá, el Benefactor, el Piadoso, yo digo: busco refugio en el Señor de la humanidad, del mal murmurador que, como la serpiente, susurra en los corazones de los hombres.*

ALEJE A UN AGRESOR

Si una persona lo perturba constantemente con sus comentarios negativos o usted intuye que lo envidia y le desea el mal, efectúe este ritual que neutralizará su influencia incluso cuando esté cerca suyo.

Coloque una fotografía de esta persona dentro de un frasco y cúbrala con un puñado de sal gruesa. Durante nueve días deje el recipiente envuelto en un paño negro y agréguele todas las mañanas un poco más de sal. Si a pesar de este hechizo el sujeto sigue molestándolo, coloque el frasco en el lugar más frío de su refrigerador hasta que se congele. Luego arrójelo a la basura y cuelgue tres cintas rojas en la cabecera de su cama o déjelas debajo de la almohada durante tres semanas.

QUE HACER CUANDO SE ROMPE UN ESPEJO

Usted puede recurrir a este rito para romper el maleficio que se desencadena cuando se rompe un espejo.

En primer lugar, deberá juntar los trozos del espejo roto y no arrojarlos a la basura. Encienda un puñado de incienso en polvo dentro de un recipiente metálico, en el centro geográfico de su casa. Comience a sahumar todas las habitaciones, recorriendo su hogar en el sentido de las agujas del reloj, comenzando por el lugar en donde se ha producido la rotura. Luego vuelva a su punto de partida y comience a pasar por el humo cada pedacito del espejo roto. A continuación, proceda a dar una mano de pintura negra sobre la superficie de cada trocito del espejo para así volverlos opacos.

Por último, es necesario que los guarde en una bolsa negra y se deshaga de ellos arrojando uno cada día en una corriente de agua.

MANTENGA LA ARMONIA FAMILIAR

Para que la convivencia de su familia se desarrolle siempre en un clima de unidad y comprensión recurra a este viejo hechizo de Paracelso. Adquiera o confeccione usted mismo un collar de cuentas de cerámica o madera para cada uno de los miembros del hogar. Un día lunes por la noche sumérjalos en un recipiente repleto con vinagre blanco. Por la mañana retírelos y déjelos secar al sol. Esa misma noche entregue un collar a cada uno de sus seres queridos. Ellos deberán conservar este elemento que usted ha cargado con poderes mágicos en un lugar secreto y no deshacerse nunca más de él.

EVITE LOS ENFRENTAMIENTOS ENTRE HERMANOS

Para ayudar a que la paz reine nuevamente entre dos seres de la misma sangre que se encuentran distanciados, escriba con un punzón, en una lámina de cobre o aluminio, el nombre de los hermanos que se hallan en conflicto. Mientras tanto repita mentalmente: *Con amor fueron concebidos, que el odio no los separe.* A continuación prepare una infusión con hojas de tila, manzanilla y unas gotas de licor de anís. Su misión será lograr que ellos beban una taza de este preparado. Si se niegan, rocíe con unas gotas del mismo las sábanas de cada uno de los hermanos en discordia.

PRESERVE A SU HIJO DE ACCIDENTES

Si teme que su hijo en un momento de descuido sufra un golpe, una caída o una herida, cuelgue alrededor de su cuello una cadena dorada con un pequeño dije de oro puro. Esto ayudará al pequeño a reforzar su propia aura protectora. También será conveniente mantener cerca del lecho donde duerme el niño la imagen de un ángel protector.

CONTRA LA ANEMIA INFANTIL

La anemia infantil es muchas veces una reacción orgánica frente a trabajos de magia negra, ya que los pequeños pierden mucha energía intentando defenderse. Los niños que padecen anemia mejorarán notablemente llevando una pulsera de hierro en su muñeca izquierda. También es beneficioso sumergir rubíes o hematites en un recipiente con agua y dejarlos cerca del lugar donde duerme el niño. Por supuesto, este procedimiento no reemplaza en absoluto el tratamiento médico.

PROTECCION ESPECIAL PARA NIÑOS ASMATICOS

Los niños asmáticos suelen ser más sensibles a los ataques psíquicos que el resto de las criaturas. Esta fórmula mágica volverá más efectivo el tratamiento médico e impedirá que el mal del pequeño se agrave. Simplemente, pase un imán redondo por el pecho y la espalda del niño describiendo movimientos circulares y pidiendo con devoción a la divinidad luz y protección para el enfermito. Este rito deberá ser repetido todos los días miércoles.

SEPA QUIEN INTENTA OJEARLO

Si usted ha sufrido o está sufriendo un ataque de mal de ojo -los síntomas clásicos son dolor de cabeza, náuseas, desgracias reiteradas, ardor en la vista y mareos- y no sabe a ciencia cierta quién es la persona que lo ataca, recurra a este ritual. Reconocer al agresor hará más efectiva la cura.

Un día lunes por la noche rompa un huevo en un recipiente de cristal. Si en la yema aparece una larga marca, el maledicente es hombre; si es una mujer, la marca de la yema será ovalada. Si no aparece ninguna marca, usted no ha sido ojeado. Luego proceda a tirar la yema del huevo en un vaso con agua y sal. Si nota que se hunde de inmediato, el atacante es un pariente lejano o cercano, o pertenece a su círculo de amistades. Si permanece flotando, se trata de alguien que no tiene una vinculación tan estrecha con usted.

PARA PROTEGER SU HOGAR DEL MAL DE OJO

Si hay una persona que suele frecuentar su casa y usted sospecha que es la causante del mal de ojo que sufren ocasionalmente usted o algún miembro de su familia, con este ritual impedirá que los perjudique aunque siga visitándolos por alguna razón.

En primer lugar, usted deberá llevar colgada en una cadenita una figura en forma de cuerno, que puede ser de madera, coral, hierro u oro, esto es un eficaz protector. También será conveniente que cuelgue esta figura en la puerta de entrada de la casa. Las herraduras en las puertas de los dormitorios también son efectivas a tal efecto.

Antes que la negativa visita llegue a su hogar, vístase con una prenda de color rojo y repita tres veces: *Que todo el mal que me ataca a mí y a mi familia vuelva a quien lo produce. Todopoderoso, protégenos para que el poder de Satanás no ingrese a este hogar.*

EVITE QUE LO OJEEN

Los síntomas más frecuentes que indican la presencia del mal de ojo, son fuertes dolores de cabeza o de estómago y la sensación de estar permanentemente cansado o somnoliento. A veces también se manifiesta en la aparición de una serie de obstáculos de origen inexplicable que traban nuestros proyectos más ansiados.

Como hemos explicado, hay personas que nos perjudican sin desearlo y otras que lo hacen a conciencia. En cualquiera de los dos casos, usted se puede defender de este atacante psíquico evitando que lo mire directamente a los ojos. Dirija su mirada al entrecejo de quien tiene frente a usted y visualice un campo protector de color rojo que no permita que las malas influencias energéticas lleguen a usted mientras dialogan. Cuando esa persona se haya retirado, tome un vaso de agua, lávese las manos con abundante agua fría y coloque un diente de ajo bajo su almohada antes de acostarse.

COMO CORTAR EL MAL DE OJO

Si desea curar a otra persona del mal de ojo, coloque un plato blanco con agua y una tijera abierta debajo de la mano de esta persona y haga caer siete gotas de aceite en el dedo índice de su mano derecha de manera tal que las gotas se deslicen desde el dedo hasta caer en el plato. Luego proceda a mojar sus propios dedos índice y mayor en aceite y trazar tres cruces sobre la frente de quien desea curar.

Si la persona se encuentra efectivamente ojeada, el agua se mezclará con el aceite de manera inusual. Repita este procedimiento durante tres días, al cabo de los cuales se romperá el hechizo negativo.

CURESE USTED MISMO DEL MAL DE OJO

Vístase con ropas de color blanco y coloque una cucharadita de aceite (en lo posible de oliva) en un plato hondo que contenga agua corriente. Arrodíllese en su cama, sitúe el plato frente a usted y repita la siguiente oración: *Santa Rita cúrame y protégeme. Retira este malestar que me aflige, devuélveme la paz y la armonía que sueles entregar. Tú puedes ayudarme y sanarme, porque eres mi consejo y mi protección. Te ruego que vengas en mi auxilio y me otorgues nuevamente el don divino de la salud.*

Reitere estas palabras mágicas cada media hora si lo considera necesario, y recuerde marcar tres veces la señal de la cruz en su frente, con los dedos humedecidos en el aceite, al terminar cada oración.

PARA SANAR A UN BEBE OJEADO

Cuando un bebé se encuentra ojeado, es muy común que no concilie fácilmente el sueño o que llore desconsoladamente sin motivo.

Hierva tres hojas de ruda, una rama de olivo y dos dientes de ajo, espere que la preparación se enfríe y agréguela al agua del baño del niño. Deberá tener mucho cuidado para que el agua no toque la boca ni los ojos del pequeño.

Antes de acostarlo, coloque un pañuelo de color rojo sobre su almohada o debajo de las sábanas de la cuna. A la mañana siguiente frótele las manitos suavemente con hojas de ruda. De inmediato notará la mejoría.

COMO DETECTAR UNA POSESION

Cuando una persona muere, el alma se desprende del cuerpo físico para elevarse y alcanzar un plano superior en el campo astral. Pero a veces hay factores que determinan que esta elevación no se produzca y entonces las almas de los fallecidos quedan apegadas al plano material y a veces se apoderan del cuerpo de una persona viva para prolongar su existencia. Quien se encuentra bajo el efecto de una posesión suele sufrir en forma permanente todos los síntomas que describiremos a continuación y su comportamiento cambia de manera repentina. Los síntomas son los siguientes:

SINTOMAS PSICOFISICOS

• Pérdida repentina de memoria.
• Fobias, ansiedades, falta de concentración e indecisión.
• Adicciones: alcoholismo, drogas, automedicación.
• Alergias y erupciones en la piel.
• Falta de energía. Fatiga corporal permanente.

PERCEPCIONES SENSORIALES
Y ACTITUDES COMPULSIVAS

• Aparición de visiones reiteradas.
• Audición de ruidos inexplicables y conversaciones inexistentes.

- Comportamiento irracional, guiado por un impulso inexplicable.
- Sonambulismo.
- Agresividad repentina e injustificada.

APRENDA A CURAR A UN POSEIDO

Usted puede lograr que el espíritu poseedor se retire por fin del cuerpo que no le pertenece. Para ello deberá conversar con la persona afectada y ante todo tranquilizarla y convencerla de que nada malo le sucederá. Indíquele que se acueste, cierre sus ojos y se relaje profundamente. Ilumine la habitación sólo con una vela. Con voz suave y tranquila sugiérale que visualice un halo de luz blanca que lo envuelve, lo protege y lo aleja de todo el mal.

Cuando sienta que la persona está realmente concentrada y relajada, comience a llamar al espíritu en voz alta de manera cordial y amable. Explíquele que él ya no pertenece a este mundo y que al abandonar el cuerpo del poseído (pronuncie el nombre de la persona), descubrirá por fin el camino hacia la Luz Divina y que podrá encontrarse con los espíritus de sus seres queridos ya fallecidos que sin duda lo están esperando. Luego haga tres veces la señal de la cruz diciendo: *Retírate ahora en el nombre del Padre, el Hijo y el Espíritu Santo. Encuentra tu camino de paz, nosotros te bendecimos y te deseamos la felicidad eterna.*

Es conveniente que después de este rito la persona afectada tome un largo baño, agregando al agua un puñado de sal gruesa y vista ropas claras; también será útil que comience a hacer una dieta muy sana, evitando por unos días la ingestión de alcohol.

Si cree que a pesar de la limpieza efectuada el espíritu no se ha retirado, será conveniente que el poseído repita el ritual por su cuenta, sin la ayuda de otra persona.

LIMPIEZA DE CASAS

Un mueble mal dispuesto, un color inadecuado o una planta en el sitio
incorrecto pueden ser los causantes de los trastornos más diversos:
desde un dolor de cabeza persistente, hasta la imposibilidad de
desarrollarse en una profesión. Por eso, el conocimiento de las reglas de
distribución del mobiliario, sumado a ciertos rituales que impiden
la acumulación de energía negativa, son elementos indispensables
cuando se trata de defender la casa. El bienestar de todos los habitantes
de un hogar depende de las vibraciones de la vivienda, por eso es
fundamental aprender a curar una casa, ya que esta es capaz de
enfermar igual que un ser humano.

LIMPIEZA ENERGÉTICA DE VIVIENDAS

La receta mágica que daremos a continuación sirve, tanto para alejar energías negativas de su hogar como de su lugar de trabajo. Póngala en práctica si nota que la enfermedad, la mala suerte o la falta de armonía afecta a quienes viven en ella o simplemente como medida preventiva.

Mantener las paredes de su vivienda pintadas de color blanco, beige, celeste, rosa verde tenue, sin manchas ni irregularidades, beneficia la circulación de energía positiva. También es fundamental que las repisas, armarios y alacenas estén limpias y en orden. El lavado periódico de alfombras, cortinas y acolchados también beneficiará la pureza de su hogar. Cuando lave vidrios, mosaicos y azulejos agregue un chorrito de vinagre al agua del último enjuague. Rocíe agua con vinagre por toda la casa al menos una vez por semana, hágalo especialmente en rincones, umbrales y alrededor de los marcos de las ventanas. Mantenga siempre los cuartos bien ventilados e iluminados. Encienda habitualmente incienso (es mejor el que se utiliza en las iglesias) para alejar el daño; tenga flores en la sala y no permita que seres negativos frecuenten su hogar.

COMO DISTRIBUIR SUS MUEBLES
PARA VIVIR MEJOR

Muchos problemas económicos, de salud o de relación podrían evitarse, según la antigua sabiduría china, con una correcta distribución de muebles en nuestro hogar y una arquitectura "sana". Tenga en cuenta los siguientes consejos a la hora de construir, decorar o modificar su vivienda:

• Los techos deben estar bien iluminados, ser completamente lisos, sin desniveles, paralelos al piso, ni muy altos ni demasiado bajos. Si son bajos producen depresiones y dolores de cabeza a los habitantes de la casa; si son altos, irregulares o tienen desniveles, perjudican la salud a largo plazo.

• Las paredes deben ser lisas y exactamente perpendiculares al suelo. Los salientes, aristas, pilares o columnas tienen efectos nocivos sobre la salud física y emocional porque crean un efecto de "cuchillo" que corta el flujo normal de energía. Si hay salientes de este tipo, la mejor solución es cubrirlos con espejos.

• Conviene que en cada habitación haya por lo menos una pared lisa, es decir, sin ventanas ni puertas.

• El suelo liso es mucho más favorable que los pisos con desniveles o escalones. La continuidad es muy importante, pues cuando un espacio no se funde con el siguiente se producen problemas económicos e inestabilidad emocional.

• Las puertas y ventanas deben abrirse hacia adentro de la casa. Las puertas no deben interferir entre sí al abrirse, pues este hecho puede provocar accidentes.

• Debe existir el menor espacio posible detrás de las puertas, pues de lo contrario se estanca la energía. En el caso de haber gran espacio detrás de la puerta, conviene colocar un espejo en la pared perpendicular a la de la puerta -casi en el ángulo que forman ambas paredes- para que la energía pueda circular.

• No es conveniente que la puerta del cuarto de baño se abra frente a la del dormitorio, pues esto acarrea conflictos emocionales y problemas de salud. Para solucionarlo, puede cambiar el dormitorio de habitación o colocar un biombo que separe ambos cuartos.

• Las ventanas pequeñas reducen las esperanzas y posibilidades de progreso de los habitantes de una casa.

• Una puerta al final de un largo pasillo produce frenos en el desarrollo profesional y trastornos digestivos e intestinales.

• Los dormitorios deben ser las habitaciones más alejadas de la puerta de acceso al hogar; en ellos, las camas deben estar ubicadas con las cabeceras al Norte, en diagonal a la puerta y, desde la cama, debe verse la puerta de entrada al dormitorio.

• La cama no debe estar entre dos ventanas o entre una puerta y una ventana, pues la corriente que pasa por encima del lecho -aun cuando las aberturas estén cerradas- generan trastornos de salud. En todo caso, colocar un biombo para evitar la corriente entre ambas aberturas.

• En los dormitorios no es aconsejable tener espejos a la vista; tampoco lo es que los pies de la cama se dirijan directamente a una puerta o ventana ni que la cabecera de la cama dé al cuarto de baño.

• Para evitar problemas económicos, conviene dividir los ambientes en L con plantas o con un biombo, para transformarlos así en dos ambientes.

• No conviene que la persona que cocina esté de espaldas a la puerta de entrada de la cocina, pues esto acarrea tensiones y mengua en los ingresos. Un espejo colocado sobre la cocina permitirá ver quién entra y sale de ella, al tiempo que incrementará los ingresos.

• Las plantas en el cuarto de baño tienden a obstruir el flujo normal de la energía.

• Si al abrir la puerta del baño, lo primero que se ve es el inodoro, la familia tendrá problemas económicos y de salud. Para evitarlo, conviene colocar un espejo en la parte externa de la puerta del baño y -de ser posible- una cortina que imposibilite ver el inodoro.

• En cuanto a los comedores y cuartos de estar, los muebles deben ubicarse en línea paralela a las paredes o apoyados en ellas. Es preferible que ningún asiento se encuentre entre una puerta y una ventana.

SAHUMERIOS, CONJUROS
Y PLANTAS PURIFICADORAS

Después de la limpieza y la correcta aplicación de las normas de
la geoastrología, es momento de sahumar el hogar para quitar de
él todo vestigio de mala energía. Usted puede fabricar un incensario con una vieja lata: colóquela boca arriba sobre un plato y
dentro de ella vierta carbón encendido sobre el que quemará las
sustancias necesarias para la finalidad perseguida. Cuando em-
piece a salir humo, recorra toda la casa en el sentido de las agujas del reloj, diciendo este conjuro: *Oh, potencias celestiales,
energías positivas del Universo, acercaos a esta casa y circulad libremente para que no falten el amor, la salud ni el dinero, y que nadie,
absolutamente nadie pueda hacernos mal. Proteged a......* (nom-
brar a cada uno de los habitantes de la casa y si se tienen animales, también).

Utilice las siguientes combinaciones a fin de sahumar su casa:

• Para atraer dinero: 1 cucharadita de canela, 1 cucharadita de
mirra y un poco de azúcar moreno.

• Para alejar la negatividad: 1 cucharadita de café, un poco de
clavo de olor y un puñado de piel de ajo (al pelar los ajos, guarde la piel de los mismos).

• Para protegerse de las enfermedades: 1 cucharadita de canela,
1 cucharadita de tabaco y un poco de azúcar blanco.

• Para purificar el hogar: un poco de olíbano, 1 cucharadita de
orégano y 1 cucharadita de café.

• Para mejorar las relaciones entre las personas: un poco de
nuez moscada, 1 pizca de pimienta blanca y 1 poco de benjuí.

Los efectos del incienso permanecen entre 12 y 24 horas, por lo
que conviene sahumar la casa por lo menos una o dos veces por
semana.

Por último, conviene recordar que las plantas son excelentes armonizadoras del hogar, por lo que con la excepción del cuarto de baño y también de los dormitorios- podemos decorar con ellas la sala principal o la cocina, ya que absorberán la negatividad, brindando salud y energía positiva a los ambientes.

BAÑOS RITUALES

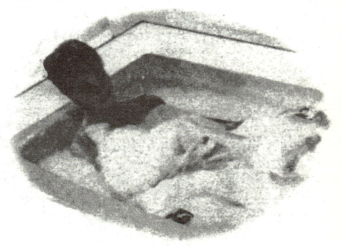

Los baños simbolizan en muchas culturas la purificación del alma a través de la limpieza del cuerpo. El agua tiene la virtud de liberar al cuerpo físico de energías negativas y nos permite aumentar y sanear el fluido vital. Combinada con otras sustancias, el agua provoca efectos beneficiosos, ya que, a través del cuerpo, cura las aflicciones del alma.

AGUA PARA ATRAER AL AMOR

Este rito sirve, tanto para restaurar la felicidad conyugal alterada, como para atraer la atención de la persona amada.

Macere unas hojas de albahaca en un recipiente de cristal o vidrio adecuado para triturar. Extraiga el jugo y mézclelo con un poco de heno tostado, nueve gotas de agua bendita, otras tantas de agua de azahar, un vaso de agua de río o manantial, medio vaso de vino seco y unas gotas de aguardiente. Coloque la preparación en un frasco grande y déjela reposar durante tres horas. Tome el baño de costumbre y luego, sin haber secado previamente su cuerpo, aplique la mezcla sobre su pecho. Repítalo los días viernes, por la noche.

EL BAÑO DE LA FELICIDAD CONYUGAL

Este antiguo rito deriva de la costumbre que obligaba a las mujeres a preservar su virginidad hasta el casamiento. Es muy efectivo si se lo realiza antes del primer encuentro amoroso con la pareja, o antes del día de la boda. Debe efectuar el baño tres días antes de la ceremonia nupcial -o de la cita- y lo mejor será que no se vuelva a bañar en las 36 horas sucesivas, aunque puede sí lavar por separado las partes de su cuerpo que así lo requieran.

Mezcle en una cacerola tres o cuatro cucharaditas de orégano seco y una y media de romero seco. Añada un litro de agua hirviendo y, cuando se enfríe a temperatura ambiente, cuele la mezcla y échela al agua del baño. Permanezca en el agua al menos veinte minutos. No utilice toalla para secarse, deje que su cuerpo se seque a través del contacto con el aire.

PARA ACTIVAR EL EROTISMO EN LA PAREJA

En tres litros de agua hirviendo coloque tres pétalos de rosas rojas, tres puñados de perejil, hojas de malva y de ruda. Cuando la preparación esté tibia pásela por un colador. Tome un baño al que le habrá agregado varias gotas de perfume o aceite de esencia de sándalo. Luego échese el líquido preparado sobre el cuerpo, del cuello hacia abajo. No se seque. Encienda una vela rosa en su cuarto y derrame unas gotas del mismo sobre las sábanas.

PARA CORTAR LOS LAZOS CON UN EX

Si siente que todavía se encuentra unido a su pareja anterior, a pesar de haber pasado un tiempo considerable desde la separación, recurra a este baño curativo. Llene la bañera con agua tibia y agregue tres hojas de eucalipto, varias de lavanda y una rama de canela. Mientras prepara el baño, concéntrese en la idea de desprenderse de un afecto que ya no tiene sentido, que no lo deja continuar en paz el rumbo de su vida. Repita el baño todos los días durante la primera semana, luego en días alternos y finalmente una vez por semana. Al cabo de cuarenta días sentirá plenamente sus efectos.

PARA AUMENTAR LA ENERGIA

Un día jueves de Luna Nueva llene su bañera con agua tibia y coloque en ella un puñado de pétalos de rosas rojas, cinco hojas de naranjo y tres cucharadas de canela. Encienda un sahumerio de pino en el cuarto de baño y relájese en la bañera durante quince minutos. Cuando termine el baño, tome una infusión de ginseng para potenciar el efecto energizador.

PARA ALEJAR LAS ENERGIAS PERJUDICIALES

Hierva durante unos minutos un puñado de albahaca en un litro de agua. Cuele la preparación y agréguela al agua del baño .

Este baño, tiene el poder de reforzar el campo energético y ayu
dar a transmutar la negatividad. Puede emplearlo luego de haber estado en contacto con una persona negativa o envidiosa, o
después de pasar una situación que haya alterado su tranquilidad.

PARA ALEJAR A PERSONAS NEGATIVAS

Deje disolver media pastilla de jabón de glicerina en un vaso de
agua bendita mezclada con agua de azahar. Cuando el jabón esté
diluido, coloque la mezcla en un recipiente, caliéntelo a baño de
María y retírelo antes del primer hervor. Deje enfriar el preparado, guárdelo en un frasco y prenda una vela roja cerca del mismo,
durante siete noches consecutivas. Pasado este tiempo estará listo
para usar. El modo de empleo consiste en frotarse con este líquido
todo el cuerpo y luego tomar una ducha rápida para enjuagarse.
También debe rociar con el preparado el umbral de su casa y los
marcos de las ventanas, cada dos o tres meses.

JUEGOS DE AZAR

A la suerte hay que invocarla, especialmente cuando deseamos ganar en algún juego de azar. Las recetas incluidas en este capítulo aumentarán sus vibraciones positivas y le permitirán tener éxito en sus apuestas, siempre que se lleven a cabo con la suficiente fe y fuerza de voluntad.

TALISMAN NUMERICO ATRAE FORTUNA

El número doce siempre ha sido considerado mágico, ya que se dice que es similar a una llave que abre las puertas del universo invisible. En el Nuevo Testamento puede leerse: *Al Este, tres puertas; al Norte, tres puertas; al Sur, tres puertas; al Oeste, tres puertas. Y el muro de la ciudad tiene doce cimientos, y en ellos los nombre de los doce apóstoles del Cordero* (Apocalipsis; 21:13). La siguiente técnica es muy efectiva cuando se desea apostar en juegos como la lotería, y en general en todos aquellos que incluyan números. En este caso, las puertas que se intentarán abrir son las de la prosperidad.

Espere para realizar este talismán numérico un día de Luna Nueva. Necesitará una plancha de cobre y un punzón. Proceda de este modo:

• Deje la plancha de cobre toda la noche al sereno para que se cargue con energía lunar negativa. El talismán comenzará a funcionar en Luna Llena, atrayendo su energía positiva y haciendo de cable conductor hacia la mesa de juego.

• A la noche siguiente grabe en uno de sus lados el número 165 (cuyas cifras suman doce), distribuido de esta manera, en ocho líneas verticales:

12	09	07	09	21	12	09	50
33	16	12	23	06	18	41	01
05	20	16	26	05	11	07	45
71	20	30	10	33	03	43	04
03	43	04	07	51	71	20	30
11	07	45	32	09	05	20	16
18	41	01	47	17	33	16	12
12	09	50	11	23	12	09	07

• Del otro lado de la plancha deberá dibujar una moneda que tenga como emblema su rostro. Si realmente no se atreve a dibujar puede escribir su nombre completo y su fecha de nacimiento en números romanos, aunque siempre es mejor lo primero. El reborde en la moneda deberá ser de una corona de hojas de laureles de victoria, como si su rostro fuera el de un emperador romano.

• Vuelva a dejar la plancha al sereno y comience a utilizarla con la próxima Luna Llena.

LA CRUZ DE LA PROSPERIDAD

En Murcia, se cuentan los numerosos milagros de la Cruz de Caravaca, instalada en una iglesia gótica de esa ciudad en el siglo XV. Se trata de una cruz de cuatro brazos, que, según cuenta la tradición, fue diseñada por San Benito, fundador de la Orden Benedictina, cuya festividad se celebra el 11 de julio. Las coplas que se cantan a esta cruz mencionan milagros y prodigios tan grandes que no pueden enumerarse, ya que ayuda a superar las desgracias y atrae prosperidad a quienes confían en ella. Usted mismo debe elaborar este talismán de la fortuna o pedirle a un amigo o conocido que lo fabrique. Para hacer una representación de la Cruz de Caravaca (no se puede hacer una de tamaño real porque sería inutilizable), necesitará dos tiras de cartón, papel dorado, pegamento y tinta verde.

Procedimiento:
• Forre cada una de las tiras con el papel dorado. Cuando estén listas, péguelas formando una cruz.
• En lo alto, escriba con la tinta verde el INRI que le colocaron a Jesús y alguna de las siguientes siglas:

1) C.S.P.B. Esto quiere decir Crux Sancti Patris Benedicti. (Cruz del Santo Padre Benito).
2) C.S.S.M.L. Quiere decir Crux Sacra Sit Mihi Lux (La Cruz Santa sea para mí luz).
3) N.D.S.M.D. Non Draco Sit Mihi Dux (No sea el dragón mi guía).
4) V.R.S.N.S.M.V.S.M.Q.L.I.V.B. Significa Vade Retro Satanás, Nunquam Suade Mihi Vana Sunt Mala Quae Libas Ipsa Venen Bibas. Vete atrás, Satanás, nunca puedas persuadirme de la vanidad. Son malas las cosas que tú propagas.
•Si usted ya conoce la Cruz de Caravaca, intente olvidarla y construir una nueva y personal.
Este talismán es importante porque, además de dar suerte en los juegos de azar, evita que la persona se exceda en las apuestas. Antes de usarla, deberá besarla tres veces delante de otra persona.

FORMULA DE JUPITER PARA GANAR

Elija para hacer este ritual un día jueves. La mejor hora es la medianoche. Necesitará un recipiente de vidrio para mezclar aceites, aceite de incienso, mirra, sándalo y tres velas de color naranja.

Procedimiento:
• Mezcle los aceites, revolviendo con el dedo mayor de su mano derecha.
• Unte las velas desde abajo hacia arriba. Prenda luego cada vela, mientras dice en alta voz: *¡Oh, Júpiter grande y poderoso, tu amistad reclamo! Tus emisarios me envían espíritus ricos y buenos de la naturaleza. Tu energía es buena y generosa y mi agradecimiento te adora. Ahora mi luz resplandece en oro para que*

todos la vean.

• Cierre los ojos y dedique unos minutos a mentalizar el momento en que ganará el juego.

• Abra los ojos y marque tres cruces en su entrecejo con el dedo mayor de su mano izquierda.

EXITO EN EL JUEGO Y EL AMOR

Antes de salir de su casa, cuando esté por dirigirse a una sala de juego, deberá utilizar este aceite que le dará suerte tanto en el amor como en el azar. Necesitará dos partes de sándalo, cincoenrama (o pétalos de rosas amarillas), incienso, una parte de canela, una parte de cáscara de limón gratinado o flores de limón y dos cucharadas de aceite vegetal.

Mezcle todos los ingredientes y déjelos reposar mientras usted se sumerge en un baño que dure al menos media hora. Cuando salga del baño, colóquese tres gotas de aceite en el pecho, tres en el pubis y tres detrás de la nuca. Ponga otras tres gotas en el ruedo de la prenda que vaya a utilizar.

SEIS CABALAS INFALIBLES

• Escupa con fuerza en el suelo, antes de entrar al casino.

• Pídale un cigarrillo a una mujer que no forme parte del juego.

• Si quiere adquirir un billete de lotería, hágalo por la mañana y asegúrese de ser el primer cliente del día que pisa la casa de venta.

• Guarde todos los boletos capicúa que tenga a su alcance en su billetera.

• Si encuentra dinero por casualidad, no dude en utilizarlo en una apuesta.

• Si pierde dinero por la calle, apueste la misma cantidad perdida en cualquier juego de azar.

RITUAL DE LA BUENA ESTRELLA

Este rito debe comenzarse un domingo durante el período comprendido entre la Luna Nueva y la Llena, es decir en su Cuarto Creciente.

Improvise un altar, puede ser sobre una mesita o escritorio, y oriéntelo en dirección Este, por donde sale el Sol. Coloque en el centro del altar una vela amarilla y alrededor de ésta cinco fotografías suyas recientes, formando así una estrella de cinco puntas. El extremo superior de la estrella debe coincidir aproximadamente con el Este. Alrededor de las fotografías coloque doce monedas doradas. Por último, rodee las monedas con un círculo de sal. En el extremo superior derecho del altar y fuera del círculo, coloque una varilla de sahumerio de sándalo. Dos días antes de comenzar el rito, coloque las fotografías en un sobre y llévelas con usted continuamente; por las noches las dejará debajo de la cama.

El rito lo deberá hacer en la oscuridad, todos los días. Encienda la vela, y con la llama de ésta, el sahumerio. Luego repita: *Genio Labezerin, a ti te invoco. Quiero ganar en los juegos de azar. Tú, Genio de la buena fortuna harás que yo gane grandes premios en los juegos de azar, apuestas y loterías, por la gracia de tu luz, de tus poderes y tu virtud de conceder.*

INVERSION DE HECHIZOS

Si bien por lo general quienes practican la magia tienen el propósito de hacer el bien, existen seres poco evolucionados que persiguen fines bajos y perniciosos, o procuran mediante sus trabajos mágicos saciar su sed de venganza, originada en la envidia, el rencor o el resentimiento. A estas prácticas malsanas se las llama "magia negra" y quienes hacen uso de ellas, están condenados a pagar un alto precio, ya que en algún momento el daño deseado vuelve a quien lo generó. Los siguientes hechizos resultan excelentes para desactivar cualquier tipo de rito negativo del que usted pueda ser víctima. No sólo lo ayudarán a cortar el trabajo negro, sino que también devolverá el mal a su fuente de origen, es decir, al ser poco escrupuloso que lo causó.

PARA INVERTIR UNA MALDICION

Este es un método eficaz para todo tipo de trabajos que se hayan realizado con velas o fuego, muy usados para perjudicar a una persona en el terreno amoroso.

Llene una taza grande con tierra, preferentemente abonada con fertilizante para plantas. Tome una vela de color blanco y tamaño pequeño, enciéndala y afírmela en la taza. Observe el fuego, concéntrese unos minutos y luego tome la vela con su mano derecha. Con un movimiento apresurado, invierta la vela de tal manera que la llama quede hundida en la tierra, hasta que se extinga la llama. Retire la vela, muerda el pabilo y luego vuélvala a encender repitiendo:

Así como la llama se invierte, que quede invertido todo lo que se opone a mí. Así como la llama perece en la Madre Tierra, que toda fuerza que me produce daño no me toque ni me llegue.

Deje la vela arder hasta que se extinga. Cuando esto suceda, tire todos los elementos utilizados a la basura.

TERMINE CON LAS TRABAS ECONOMICAS

Los ritos para perjudicar económicamente a las personas suelen ser materializados con tierra. Para contrarrestarlos debe llenar una taza blanca y pequeña con tierra y agregarle tres cucharadas de sal. Luego colóquela en una esquina de su dormitorio, y rece en voz alta fijando la vista en la tierra, de la siguiente forma:

Tú eres la Tierra que concibe la fecundidad de todo lo creado. Refugia en tu interior todo lo malo que es enviado hacia mí, para protegerme. Soporta los daños que me llegan, así como Jesucristo sufrió por los daños de toda la humanidad.

Deje la taza durante cuatro días en su cuarto, colocándola todas

las noches en una esquina distinta del mismo. A la quinta noche -preferentemente cuando la Luna esté en Cuarto Menguan-
te- oculte la tierra utilizada en un pozo, lejos de su hogar y lave
la taza con abundante agua fría.

CONTRA LOS HECHIZOS VERBALES

Este rito es efectivo para neutralizar las calumnias y las infamias.
Puede utilizarlo para sí mismo, o para liberar a otras personas que
crea perjudicadas por testimonios falsos, y resulta especialmente
poderoso si lo realiza en un día muy ventoso.
Tome una cucharadita de azúcar bien molida, añádale otra de harina blanca y un poquito de sal fina. Mezcle todos los ingredientes en
la palma de sus manos. Mientras, comience a mirar los rayos solares
y visualice un halo de luz que lo protege, envolviendo todo su cuerpo. Luego sople el polvo hacia el viento y diga tres veces:
*Aquí estoy en inocencia de pensamiento, sentimiento y acto. ¡Señor,
protégeme!*
Repita el rito una vez más, pero en horas nocturnas, dirigiendo
su mirada hacia la Luna.

INVERSION DE HECHIZOS CON HIERRO

Los rituales maléficos hechos con hierro son muy peligrosos,
porque pueden provocar accidentes con armas, coches y objetos
cortantes, a quienes estén bajo su influencia. Usted sabrá que
ha sido hechizado de este modo si encuentra un paquete sospe-
choso en su hogar que contenga clavos, limaduras u otro elemento similar. Si se siente violento y agresivo sin motivo aparente o se golpea con mucha frecuencia, realice también este ritual que lo liberará de un posible trabajo de magia negra.

Coloque tres anillos de hierro en un vaso lleno de agua. Cubra después el vaso con un pañuelo blanco limpio y déjelo reposar bajo la luz de la Luna.

Al día siguiente, en lo posible durante las primeras horas de un martes, beba el agua con lentitud y repitiendo internamente: *Marte, líbrame de ser víctima de todo aquello que tu energía poderosa domina.*

Inmediatamente quedará libre del maleficio, que tornará a quien lo provocó.

ELEMENTOS MAGICOS

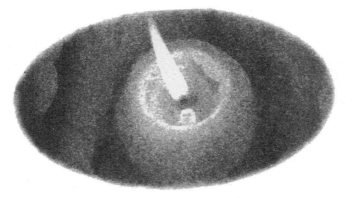

Este capítulo le indicará todos los elementos que pueden
ayudarlo en sus ritos mágicos. Sepa qué velas, gemas,
plantas o aromas deberá elegir cuando realice sus invocaciones
y ceremonias y logre así que la buena suerte y la energía positiva
lo acompañen para siempre.

VELAS

Las velas simbolizan la esencia del espíritu, el fuego eterno del alma. Son elementos que potencian los poderes mágicos, se utilizan para conectarnos con el plano espiritual y transportar las energías sutiles hacia el plano material y concreto de la existencia. Cada color de vela genera determinada vibración y por eso es importante elegir la tonalidad indicada para cada caso.

Todos los hechizos se pueden potenciar utilizando velas, aunque su uso no esté especificado en la descripción del rito. Con esta guía usted sabrá exactamente con cuál debe trabajar en cada oportunidad.

Indicaciones generales:

• Concéntrese en la finalidad que persigue, antes de encender una vela.

• Defina claramente si el trabajo mágico es para usted mismo o para otras personas.

• Encender una vela, constituye un acto mágico en sí mismo. Es una invocación a las Fuerzas Superiores, a las cuales se debe recurrir sólo en caso de tener una verdadera necesidad espiritual. Usarlas no es un juego y requiere de una profunda actitud de respeto y madurez emocional.

• Recuerde que se debe usar una vela distinta para cada trabajo que efectúa.

• Enciéndalas siempre con un fósforo, jamás con un encendedor u otra vela.

A continuación le ofrecemos una detallada relación del tipo de vela con el que debe trabajar en cada caso.

COLOR	AMOR	DINERO	SALUD
VELA NARANJA	Fertilidad Energía sexual	Iniciativas laborales	Problemas del corazón
VELA BLANCA	Protección del ser amado	Conservación de los ahorros	Afecciones psico-físicas
VELA ROJA	Conquistas amorosas Para despertar pasión	Obtención de un nuevo trabajo Defensa de los intereses	Trastornos circulatorios Organos sexuales
VELA AMARILLA	Entendimiento de la pareja	Beneficios laborales	Afecciones respiratorias
VELA PURPURA	Unión espiritual de los amantes Concreción de uniones	Expansión comercial Crecimiento profesional	Problemas motrices y circulatorios
VELAS AZUL Y ROSA	Ternura en la pareja Reconciliaciones Aleja la agresividad	Conflictos con socios o compañeros de trabajo	Dolores de garganta Trastornos digestivos e intestinales

GEMAS

Los pueblos aborígenes han utilizado los cristales durante cientos de años para inducir sueños proféticos, hacer conjuros mágicos, curar y comunicarse con los dioses.

La gema es un elemento mágico del reino inorgánico. Su poder reside en las transformaciones experimentadas a lo largo de su milenaria existencia. Las bellísimas piedras preciosas o semipreciosas en algún momento fueron toscos minerales que han mutado y acumulado la energía proveniente de la Madre Tierra. Son receptoras y transmisoras de vibraciones positivas y por lo tanto, conociendo sus cualidades, se las puede emplear para la armonización del plano físico, espiritual, emocional e intelectual.

GEMA	PROPIEDAD ESPIRITUAL	ACCION CURATIVA
AGATA	Equilibrio emocional	Tonifica y da energía
AGUAMARINA	Aumenta poderes psíquicos	Evita ataques de nervios
AMAZONITA	Genera creatividad	
AMATISTA	Aleja miedos y estrés	Controla los vicios
CALCITAS	Propicia la meditación	Eliminación de toxinas

GEMA	PROPIEDAD ESPIRITUAL	ACCION CURATIVA
CITRINO	Aumenta la autoestima	Rejuvenece y activa la circulación
CORAL	Alivia preocupaciones	Tonifica el corazón
CRISOPRASA	Otorga serenidad	Aumenta la fertilidad
CRISTAL DE ROCA	Rechaza vibraciones negativas	Corrige desequilibrios orgánicos
CUARZO AZUL	Promueve la armonía interior	Aumenta la longevidad
CUARZO FUME	Canaliza la intuición y la percepción	Desarrolla las vías respiratorias
CUARZO VERDE	Estimula creatividad	Calma dolores
DIAMANTE	Promueve la claridad en los pensamientos	Corrige disfunciones sexuales
ESMERALDA	Estimula la comunicación amorosa	Calma dolores musculares y vertebrales

GEMA	PROPIEDAD ESPIRITUAL	ACCION CURATIVA
FLUORITA	Controla emociones	Fortifica los dientes
GRANATE	Estimula la imaginación y la creatividad	Activa el sistema sanguíneo y hormonal
HEMATITE	Aumenta la voluntad	Purifica la sangre
JADE	Trae fuerza espiritual	Fortalece las defensas
LAPISLAZULI	Aumenta las habilidades psíquicas	Estimula la virilidad y la fuerza física
MALAQUITA	Propicia el equilibrio emocional	Calma el insomnio Estimula el páncreas
OBSIDIANA	Desbloquea el campo inconsciente	Corrige intestinos lentos y mala digestión
OJO DE TIGRE	Purifica los pensamientos negativos	Desintoxica los órganos viscerales

GEMA	PROPIEDAD ESPIRITUAL	ACCION CURATIVA
ONIX	Controla emociones	Calma dolores
PIEDRA DE LA LUNA	Atrae paz, armonía y clarividencia	Combate la esterilidad y dolencias femeninas
PIRITA	Combate la depresión	Alivia los resfriados
RODOCROSITA	Da claridad mental	Cicatriza heridas
RODONITA	Desbloquea emociones	Tiene efecto sedante
RUBI	Energiza y aleja vibraciones negativas	Preserva de enfermedades cardíacas
SODALITA	Aleja temores	Fortalece los músculos
TOPACIO	Fuente de inspiración y creatividad	Combate el agotamiento nervioso
TURQUESA	Purifica el plano psico-físico	Desintoxica y limpia el sistema respiratorio

ZAFIRO   Extiende la   Alivia las
            conciencia cósmica   jaquecas y los
                                     dolores de las
                                     articulaciones

IMANES

Los imanes son residuos de lava volcánica compuestos por minerales ferromagnéticos. Después de que la erupción del volcán concluye, la roca y la tierra que fueron tocadas por la lava se enfrían y quedan impregnadas de energía magnética, lo que da lugar a los imanes naturales. Sin embargo, en la actualidad, se consiguen también imanes elaborados artificialmente a partir de metales como el cobalto o el níquel, que poseen una mayor potencia de atracción que aquellos cuyo origen es natural.

Como los imanes tienen la propiedad de atraer hacia sí los cuerpos metálicos, desde tiempos inmemoriales los hechiceros de diversas culturas los han empleado para atraer objetos o buena suerte hacia quien los utiliza, ya sea mediante hechizos o confeccionando amuletos.

Los amuletos consisten en un trozo de imán -los magos modernos prefieren los cerámicos, es decir, aquellos de origen natural- que suelen llevarse en pequeñas bolsitas de tela gruesa ocultas en la ropa interior. Antes de cerrar la bolsita es preciso poner junto al imán un símbolo de lo que se desea atraer hacia el portador, por ejemplo, un billete doblado si lo que se desea es dinero, o una fotografía de la persona amada si lo que se desea es ser correspondido. No hay que olvidar, no obstante, que para que los amuletos o los encantamientos prolonguen sus efectos a lo largo del tiempo, es necesario "alimentar" regularmente los imanes empleados con limaduras de hierro.

PIRAMIDES

Las pirámides son, fundamentalmente, cuerpos geométricos que concentran campos energéticos. Se ha comprobado que el campo magnético de energía verificable en las antiguas pirámides egipcias existe de manera idéntica, aunque con menor intensidad, en cualquier otro tipo de pirámide que mantenga las mismas proporciones. La concentración y la circulación de energía se producen de la siguiente manera: las fuerzas comienzan a generarse en cada uno de los cinco vértices y confluyen en el área central, denominada Cámara del Rey. En esta área, las moléculas absorben las vibraciones por medio de la resonancia y, al aumentar la energía, comienzan a expandirse incrementando la circulación hasta que finalmente saturan la pirámide y salen a la atmósfera circundante.

La energía que emana de las pirámides puede ser utilizada para contribuir eficazmente a mejorar dolencias que aquejan a los seres humanos, sean éstas de origen físico, mental o espiritual. Pero para que tales hechos tengan lugar, las pirámides deben reunir una serie de condiciones (material con que han sido construidas, proporciones, ubicación en el espacio, etcétera) a fin de resultar benéficas no solo para la salud, sino también para llevar a cabo un conjunto de trabajos de tipo físico, psíquico y sobrenatural.

Actualmente las pirámides son fabricadas con aluminio, bronce, cobre u otros metales, además de cristal. Las de gran tamaño pueden ser construidas con papel por cualquier persona que desee obtener sus beneficios, siempre y cuando se las fabrique respetando las proporciones adecuadas. Su tamaño es variable: en las grandes caben varias personas, mientras que las más pequeñas pueden sostenerse en la palma de una mano. Entre estos dos extremos, encontramos pirámides de todas las dimensiones imaginables.

La ubicación de la pirámide es sumamente importante. Cuando las dimensiones son de tamaño considerable, pueden colgarse del techo de una habitación o consultorio médico y albergar en su interior a la persona que necesita de sus poderes curativos. Pueden ubicarse tanto en el interior como en el exterior, pero deben encontrarse alejadas de rejas, aparatos electrónicos, electrodomésticos o cualquier tipo de antena, ya que estos elementos impiden el libre flujo de energía hacia los objetos, personas y otros seres vivos que se hallen en sus inmediaciones. Pueden asentarse sobre madera, tierra, mantas, alfombras, césped o baldosas, pero siempre deben estar alineadas con los puntos cardinales -norte, este, sur y oeste-, de manera que cada uno de los cuatro lados enfrente a uno de los cuatro puntos.

Existen tres métodos básicos para obtener energía de las pirámides.

- El primero consiste en la utilización de pirámides de grandes dimensiones. En este caso la energización se logra introduciéndose en la pirámide o colocándose debajo de ella, en caso de que ésta se encuentre suspendida o colgada del techo.

- Una segunda forma de obtener efectos curativos de las pirámides consiste en utilizar aquellas de dimensiones medianas o pequeñas. En estos casos, se trata de colocar en su interior los elementos escogidos o, si son demasiado pequeñas, de colocarlas sobre el lugar que necesita su energía.

- También es posible energizar el agua colocando en su interior un recipiente.

Usos de pirámides de grandes dimensiones

VARICES: Se colocan los pies y las piernas dentro de la pirámide y se relaja el cuerpo. Se aplican sobre las zonas afectadas paños embebidos en agua energizada y jugo de limón, todos los días durante veinte minutos. El tratamiento debe durar por lo menos veinte días y al finalizarlo, la persona afectada experimentará una notable mejoría.

ESTUDIO: A fin de potenciar la concentración y la memoria, resulta excelente estudiar dentro de la pirámide o (en caso de que esta se encuentre suspendida del techo) colocar el escritorio donde se estudia, exactamente debajo de ella.

DEPORTES: Para obtener mayor rendimiento en el deporte, aumentar la resistencia al cansancio y acelerar la recuperación de la fatiga, resulta muy conveniente descansar dentro de una pirámide durante diez minutos, antes y después de la práctica correspondiente.

IMPOTENCIA Y FRIGIDEZ: Tres veces por día, por espacio de diez minutos, debe colocarse la zona del pubis dentro de la pirámide y relajar el cuerpo, aplicando sobre la zona genital paños embebidos con agua energizada.

DOLOR DE CABEZA: Colocar en las sienes y frente paños embebidos con agua energizada y poner la cabeza dentro de la pirámide, hasta que el dolor desaparezca.

TORCEDURAS, ESGUINCES Y HERIDAS: Para ayudar al proceso de curación indicado por el médico, resulta de gran utilidad colocar la zona lastimada dentro de la pirámide, por espacio de quince minutos, tres veces al día, a fin de acelerar el proceso de curación.

AUTOENERGIZACION: Para combatir el estrés, el cansancio o la depresión, colóquese bajo la pirámide durante media hora dos veces al día, preferentemente al levantarse y antes de acostarse. Esta práctica, al cabo de los días, revitaliza el ánimo y las personas se sienten más descansadas y optimistas.

Usos de pirámides de medianas y pequeñas dimensiones

DOLORES LOCALIZADOS: Cualquier dolor que se encuentre claramente localizado (estómago, cabeza, muela, etcétera) se alivia sensiblemente si se coloca sobre la zona afectada una pequeña pirámide hasta que el dolor se atenúe.

INSOMNIO: Una pirámide de tamaño mediano o pequeño, colocada debajo de la cama, equilibra sensiblemente el ritmo de sueño, evitando insomnios o sueños inquietos.

CONSERVACION DE ALIMENTOS PERECEDEROS: Si se descompone la nevera o carecemos de este artefacto eléctrico, una pirámide puede ayudarnos a conservar frescos los alimentos depositados en su interior.

PARA DEJAR DE FUMAR: Colocar dentro de la pirámide durante veinte minutos cada día los cigarrillos o la pipa y el tabaco. Con el transcurso de los días, el fumador se irá alejando lentamente de su hábito.

Agua energizada

Para obtener agua energizada, llene uno o varios recipientes de cerámica, loza, o vidrio (nunca de plástico) con agua y guárdelos dentro de la pirámide, en la parte denominada Cámara del Rey (es decir, la tercera parte inferior o base de la pirámide), por espacio de doce horas. Al cabo de este tiempo, el agua se hallará energizada. Este poder durará de cuarenta y ocho a setenta y dos horas.

REVITALIZACION DE PLANTAS: Deben introducirse en

la pirámide y regarse con agua energizada por espacio de venticuatro horas. Cumplidos estos requisitos, las plantas se recuperan y adquieren nueva vitalidad. Por lo general son necesarios tres o cuatro días de tratamiento.

PARA MEJORAR EL CABELLO: Lavar y enjuagar el cabello con agua energizada durante quince días seguidos. Este tratamiento combate la caspa, la seborrea, la grasitud excesiva y hace crecer el cabello con más fuerza, otorgándole vitalidad.

VIAS URINARIAS: En el transcurso del día, deben beberse cuatro vasos de agua energizada con el jugo de un limón. Para reforzar el efecto, se puede descansar dos veces al día durante quince minutos debajo de una pirámide. Este procedimiento, mejorará sensiblemente las vías urinarias en un plazo de aproximadamente veinte días.

DEJAR DE BEBER ALCOHOL: Se procederá a energizar el vino, el whisky o cualquier bebida alcohólica de la misma manera en que se energiza el agua. Pasadas las doce horas, se beberá la mayor cantidad posible de bebida alcohólica energizada durante un período de veinte minutos. En pocos días se dejará de beber totalmente.

HERIDAS EN LA PIEL: Limpiar perfectamente la zona de la lastimadura o herida con una gasa embebida en agua energizada. Aplicar luego, sobre la herida, otra gasa limpia embebida en dicha agua durante veinte minutos. Luego retirar y proceder de acuerdo con las indicaciones del médico. Repetir este procedimiento tres veces al día.

LIMPIEZA DE RIÑONES: Deben beberse dos litros de agua energizada con el jugo de cuatro limones, a lo largo de todo el día. Es preciso efectuar esta terapia durante quince días, al cabo de los cuales se experimentará una mejoría debido a que habrá tenido lugar un lavado natural de los riñones. Durante eseintervalo de tiempo, también será importante abstenerse del café, las bebidas alcohólicas y las comidas picantes.

PROBLEMAS DIGESTIVOS: Beber, después de cada una de las comidas, un vaso de agua energizada. El poder curativo puede reforzarse si, después del almuerzo y la cena, se descansa quince minutos bajo una pirámide de grandes dimensiones.

PROBLEMAS DE GARGANTA: Hacer gárgaras varias veces al día con agua energizada, bebiendo además dos o tres vasos de esta agua por día. El efecto curativo resulta más rápido si diariamente, durante veinte minutos se descansa relajado con una pirámide de pequeñas dimensiones sobre la zona afectada.

LAVADO DE ALIMENTOS: Lavar las frutas y verduras con agua energizada o, al menos, darle el último enjuague con ella, asegura una higiene más profunda y una neutralización de las energías negativas que pueden permanecer en los vegetales debido a su prolongada exposición a herbicidas y otros elementos perjudiciales para el ser humano.

MEJORAR EL CUTIS: Lavar diariamente el rostro con agua energizada y un jabón neutro de glicerina, ayuda a conservar la piel fresca y lozana.

LIMPIEZA DE UNA HABITACION DESPUES DE UNA ENFERMEDAD: Para limpiar una habitación que ha sido ocupada por una persona enferma, resulta muy beneficioso hacerlo limpiando tanto pisos como paredes con agua energizada, lo cual ayuda a liberar el ambiente de las energías negativas.

OJOS IRRITADOS: La irritación de los ojos (siempre y cuando no se encuentre asociada a algún proceso infeccioso) proveniente del polvo atmosférico o del uso abusivo de una pantalla de ordenador, puede aliviarse con frecuentes lavados realizados con un algodón embebido en agua energizada.

CUIDADO DE LOS DIENTES: Para ayudar a la salud dental, es conveniente lavar los dientes con agua energizada. Esto contribuye a su fortalecimiento.

SAHUMERIOS

En muchos rituales se usan sahumerios para incrementar el efecto del hechizo que se está realizando. Con esta guía, usted podrá elegir la fragancia más adecuada para cada caso, si es que no está especificada en las indicaciones del rito.

AMBAR	Para limpiar locales comerciales.
AZAHAR	Para rituales de salud. Favorece el descanso nocturno.
FRUTAS SILVESTRES	Atrae al ser amado.
INCIENSO Y MIRRA	Purifican el hogar, alejan la energía negativa.
LAVANDA	Atrae la buena suerte.
JAZMIN	Genera optimismo y atrae riqueza.
MADERAS DE ORIENTE	Armoniza los ambientes.
MUSK Y REINA DE LANOCHE	Ideal para los ritos eróticos: atraen al sexo opuesto.
OPIUM	Une a los enamorados.
PATCHULI Y ROSA	Aumentan el poder espiritual.

SANDALO   Armoniza y relaja cuerpo y mente.

VIOLETA   Protege contra la envidia y
                           potencia la energía personal.

Usted mismo podrá preparar este sahumerio y utilizarlo en todos los hechizos relacionados con la obtención de dinero y las
aspiraciones materiales en general.

Un día domingo, durante las horas de sol, mezcle dos cucharadas de laurel molido, dos de mirra en polvo, una pizca de sal
marina, una cucharada sopera de canela y media de tintura de
benzoína.

Guarde este preparado en una botella herméticamente cerrada, durante dos semanas.

Pasado este tiempo, filtre la tintura. Utilice el preparado para
quemarlo en un recipiente con carbones encendidos, en los rituales vinculados con el progreso económico.

PLANTAS MÁGICAS

La hechicería utiliza las virtudes sobrenaturales de las plantas porque ellas son portadoras de vibraciones altamente positivas y usted puede utilizar ese caudal energético cultivándolas en su casa.

A continuación detallamos las propiedades mágicas de las
plantas benéficas que nunca deben faltar en su hogar.

DINERO: Trae beneficios económicos a quien la posee. Para
desarrollarse vigorosamente, necesita buena iluminación y tierra abonada.

MONEDITA: Atrae dinero al hogar. Antes de plantarla deberán colocarse unas moneda en el fondo de la maceta. Para
que crezca en forma rápida será necesario mantenerla resguar-

dada del sol y el viento excesivos.

PALO DE AGUA: Es una planta originaria de Africa y se convierte en árbol una vez transplantada al jardín. Es ideal para atraer la buena suerte a personas que acaban de mudarse o de inaugurar un comercio.

ROMERO: Tiene la mágica propiedad de atraer grandes amores. Para potenciar su poder coloque bolsitas de romero entre sus prendas íntimas. Perfumar las sábanas con agua de romero asegura la fidelidad de la pareja.

RUDA: Muy eficaz para contrarrestar la mala suerte y el mal de ojo. En el jardín o en el interior de la casa en una maceta, actúa mágicamente como filtro para la envidia y protege el hogar de maleficios. Cuando esta planta se seca es siempre a causa de las influencias negativas que llegan a su hogar.

SANSIVIERA: Puede plantarse o cultivarse en un recipiente con agua. Al igual que la ruda, mantiene la envidia alejada del hogar. No requiere grandes cuidados, por lo que puede colocarse detrás de la puerta principal de la casa, aun cuando reciba escasa luz natural.

TREBOL DE CUATRO HOJAS: Es el símbolo universal de la buena fortuna. Puede plantarse en el jardín o tenerse en un recipiente con agua. Para llevarlo como amuleto corte dos hojas, déjelas secar entre trozos blancos de papel absorbente y luego guárdelas en una bolsita de raso. Llévelo siempre cerca del corazón o en un bolsillo.

HELECHO: Es ideal para combatir la soledad y la mala fortuna en el amor. Cura la melancolía y protege a quien lo posee de los hechizos de magia negra. La semilla de esta planta tiene la virtud de curar a las personas enfermas o desconsoladas. Es conveniente cultivar el helecho en un ambiente húmedo y sombrío.

ARTEMISA: Es considerada una de las plantas mágicas más efectivas y poderosas para atraer la buena suerte y alejar las desdichas. La artemisa es el símbolo de la felicidad y logra neutralizar las influencias negativas gracias a su fuerza transmutadora. Quien lleve consigo un amuleto de esta planta no deberá temer a las brujas ni a los espíritus malignos. Para tranquilizar a un bebé cuelgue por las noches sobre la cuna un ramito de artemisa.

DAMIANA: Atrae los pensamientos positivos y aleja el malhumor. Es ideal para personas en busca de una nueva pareja. Tiene poderes afrodisíacos.

ARBOLES

Los árboles tienen propiedades mágicas que usted puede aprovechar, simplemente guardando un trocito de madera en un rincón oculto de su casa. Según el efecto que desee provocar, elija su árbol de la suerte.

ACACIA: Este árbol es ideal para concretar intercambios comerciales. Asegura el éxito en los negocios y la vida social.

CIPRES: Intensifica los contactos íntimos y las relaciones sexuales. Permite alcanzar una comunicación erótica plena y satisfactoria.

ENCINA: Trae beneficios económicos y resuelve situaciones que proporcionan dinero.

FRESNO: Conserva la buena salud y atrae vibraciones positivas en caso de enfermedad.

HIGUERA: Intensifica los poderes paranormales de quien los posee. Es ideal para aquellas personas que deseen profundizar sus aptitudes predictivas o adivinatorias.

OLIVO: Confiere paz y armonía interior. Combate el estrés, el agotamiento, y las preocupaciones desmedidas. Es aconsejable para aliviar tristezas y disminuir la tendencias agresivas.

PINO: Ayuda a dominar los acontecimientos a quienes deben resolver asuntos importantes.

MANZANO: Es el árbol que garantiza los éxitos comerciales. Sus vibraciones ayudan en la instalación de negocios o en cualquier proyecto económico.

ROBLE: Vigoriza a los convalecientes y reconstituye la salud. Calma la agresividad y los ataques nerviosos.

SAUCE LLORON: Facilita los partos. Protege a las embarazadas y estimula la fertilidad femenina.

SERBAL: Aleja la envidia y los malos pensamientos.

Así como en la tradición esotérica se le asigna a cada planeta un metal y una gema determinada, a cada signo zodiacal le corresponde un árbol que sintetiza sus fuerzas cósmicas.

Aproveche la influencia benéfica de estos elementos mágicos de la naturaleza para potenciar toda su energía vital.

ARIES	ROBLE
TAURO	CEDRO
GEMINIS	OLIVO
CANCER	NOGAL
LEO	JACARANDA

VIRGO	ACACIA
LIBRA	MIRTO
ESCORPIO	CIPRES
SAGITARIO	ABEDUL
CAPRICORNIO	PINO
ACUARIO	FRESNO
PISCIS	SAUCE

ESENCIAS

Las esencias aromáticas tienen cualidades benéficas que actúan sobre nuestra constitución espiritual.

Lo ideal es agregarlas en el agua del baño y aprovechar el vapor de las esencias que actúan sobre nuestros centros emocionales.

Identifique en la tabla que presentamos a continuación la descripción que más se acerca a su conflicto emocional, para poder elegir su esencia correspondiente.

Para potenciar el ritual escriba en un papel blanco, antes de tomar el baño, aquello que le gustaría modificar con los aromas mágicos.

TRABA EMOCIONAL	SINTOMAS	ESENCIAS
ESTADOS DEPRESIVOS	Abulia, falta de energía, melancolía	Menta, alcanfor, eucalipto, pino

EXCESO DE ENERGIA NEGATIVA	Ansiedad, tensión, angustia, estrés, furia	Manzanilla, manzana y frutas silvestres (Frutos no cítricos)
FALTA DE CONFIANZA	Baja autoestima, timidez	Limón, mandarina, bergamota, naranja
CELOS ENFERMIZOS	Ataques de ira, falta de control	Nuez moscada y clavo de olor
FANATISMO	Intolerancia, rigidez, rechazo a los cambios	Laurel e incienso
SENTIMIENTOS DE CULPA	Inseguridad, temor, vacilación	Anís, romero, aceite de oliva
ENVIDIA	Rencor ante la suerte ajena	Frutas silvestres cerezas, duraznos

ACEITES

Para muchas civilizaciones los aceites poseen un significativo carácter religioso, siempre que estén preparados respetando un determinado procedimiento ritual y que se utilicen en forma adecuada.

Lo cierto es que se ha comprobado que los poderes terapéuticos de ciertas hierbas, se potencian al traspasarse a las sustancias oleosas. Los aceites de esencias son muy efectivos para tratar diversas afecciones corporales y mejorar el estado psíquico en general.

Al aplicarse con masajes, los aceites de esencias, son incorporados lentamente por el organismo. Al mismo tiempo que la esencia penetra en el cuerpo, su aroma es captado por nuestro olfato y transmitido a nuestro centro de funciones vitales.

Usted puede adquirir en farmacias homeopáticas y herbolarios las esencias oleosas o aprender a prepararlas usted mismo.

Elija en primer lugar el aceite que utilizará como base para preparar su aceite de esencias:

ACEITE DE OLIVA	TRABAJOS ESPIRITUALES
ACEITE DE CACAHUETE	RITOS MEDICINALES
ACEITE DE ALMENDRA	HECHIZOS DE AMOR
ACEITE DE GIRASOL	CURACIONES Y PROTECCION
ACEITE DE GERMEN DE TRIGO	PURIFICACIONES

Luego coloque en un frasco de vidrio el aceite elegido (por lo menos, medio vaso) y una buena cantidad de las hierbas trituradas, pétalos o trozos de madera, que seleccionará de acuerdo con las propiedades benéficas que aquí le presentamos. Transcurrido un mes, cuele la preparación con un filtro de tela y guarde el aceite en un frasco de boca ancha. Consérvelo en un sitio fresco y oscuro.

ALBAHACA: Combate la depresión, la fatiga mental y las náuseas de las mujeres embarazadas.

CANELA: Ayuda al sistema inmunológico a combatir dolencias infecciosas y enfermedades congénitas. Estimula el apetito.

CEDRO: Ayuda a superar las enfermedades de las vías respiratorias.

CIPRES: Es recomendado en casos de neuralgia y acné.

CLAVO DE OLOR: Previene la caída del cabello y el mal aliento.

ENEBRO: Previene la retención de líquidos y reumatismo.

EUCALIPTO: Alivia a los asmáticos. Descongestiona las vías respiratorias y calma la tos.

GERANIO: Estimula la correcta circulación sanguínea, calma el dolor de cabeza y cura las heridas leves.

LAUREL: Combate gripes y resfriados. Descongestiona.

LAVANDA: Combate problemas nerviosos, cicatriza quemaduras y cura el acné.

LIMON: Alivia dolores reumáticos y gotosos.

MANZANILLA: Acelera la digestión lenta y cura el insomnio.

MENTA: Alivia el dolor de cabeza, la tos y la fatiga.

INCIENSO: Favorece la cicatrización de heridas.

PATCHULI: Ayuda a mejorar problemas cutáneos.

PINO: Previene infecciones, fatiga mental y casos leves de reumatismo.

ROMERO: Ayuda a relajar los músculos contraídos.

ROSA: Estimula el deseo sexual, calma las náuseas y el dolor de cabeza.

SALVIA: Alivia los trastornos de la menopausia y evita la tensión baja.

SANDALO: Es buen complemento en la curación de infecciones en las vías urinarias y combate la impotencia masculina.

TOMILLO: Cura infecciones intestinales. Combate los parásitos.

I N D I C E

TÍTULOS DE ESTA COLECCIÓN

100 Hechizos de Amor
Anorexia y Bulimia
Cábala al Alcance de Todos
Cómo Leer el Aura. *Orus de la Cruz*
Cómo Leer las Runas
Contador de Calorías
Diccionario de los Sueños
El Arte de la Guerra. *Sun-Tzu*
El Evangelio según el Espiritismo. *Allan Kardec*
El Libro de los Espíritus. *Allan Kardec*
El Libro de los Mediums. *Allan Kardec*
El Mensaje Oculto de los Sueños
El Simbolismo Oculto de los Sueños. *Zabta*
Esoterismo Gitano. *Perla Migueli*
Fe en la Oración. Ilustrado
Hechizos y Conjuros
Kama Sutra. Ilustrado. *M. Vatsyáyána*
Las Enseñanzas de la Madre Teresa
Las Profecías de Nostradamus
Los Planetas y el Amor
Los Secretos de la Bruja 1. Manual de Hechicería
Los Secretos de la Bruja 2. Manual de Hechicería
Los Sueños. *Morfeo*
Magia con Ángeles
Magia con Velas
Manual contra la Envidia. *Pura Santibañez*
Numerología al Alcance de Todos
Reencarnación y Karma. *Luciano Lauro*
Remedios Caseros
Salmos Curativos
Ser Chamán. *Ledo Miranda Lules*
Toco Madera. *Diego Mileno*